Olvida el pasado y Recuerda lo que mereces

Mitos y Realidades de la Violencia Doméstica

Helida Monteiro

Máster en Violencia Doméstica

Primera Edición

Categoría:
Violencia doméstica
Abuso

Copyright © **2022 Helida Monteiro**

ISBN: 9798838044105
Independently published

Instagram: coach_helidamonteiro
Facebook: Helida Monteiro
YouTube: Helida Monteiro

Dedicatoria

A mi madre, Edna Monteiro, que me enseñó que con trabajo y determinación conseguimos lo que anhelamos.

A las honorables y estimadas Fátima Vargas, Sandra Allan, Helen Oliveira, Dra. Rosario Alberto, Dra. Sonia Blanco, Nelly Peñalonzo, Pastora Margarita Cardona y Cristiane Carneiro.

También está dedicado a todos los que están buscando cambios, conocimiento y la mejor versión de sí mismos después de pasar por un periodo en las manos de un abusador. Que tu viaje en la lectura de este libro sea fascinante y revelador para una nueva etapa en tu vida.

Índice

Tercera parte: Casos

Helida Monteiro

Agradecimientos

Estoy agradecida a los maestros que han visto en mí las cualidades para desarrollar este libro, que en un principio fue difícil a mis ojos, el enfoque y la perseverancia me ayudó a escribirlo. A mi familia, amigos y maestros que han estado junto a mí en los momentos más duros. Gracias a todos.

Prólogo

Estudie Medicina en la Universidad de la Habana, Cuba y me especialice en Pediatría y Psiquiatría Infantil mi carrera me fue llevando a tener complacencia en ayudar a las familias porque son la base de la sociedad, fueron concebidas por un Ser Supremo para que el mundo funcionara de una forma perfecta ya que es la familia el lugar donde se desarrolla y aprende el hombre (mujer/hombre), es la micro sociedad que prepara al ser humano para enfrentar de una forma capaz el mundo exterior (macro sociedad).

Las familias han sido afectadas desde tiempos remotos por la violencia intrafamiliar desde el comienzo de la humanidad, se narra en la Biblia que Caín mato a su hermano Abel por celos y hasta la actualidad no hemos podido erradicar esa disfunción pues así la llamaremos, la violencia se genera en el seno de las familias cuando existe un mal funcionamiento que puede ser psicológico como palabras negativas dirigidas a los hijos y a las esposas, siendo estas la parte más vulnerables, el abuso de poder tal como el sometimiento del más débil de la familia o la crítica ante alguna disfunción de un miembro de la familia, esta culpabilidad en los primeros años de vida hace a un niño inseguro de sí mismo con trastornos del carácter y de conducta.

También podemos mencionar el maltrato físico como golpes, castigos exagerados por parte del victimario, que pueden denigrar a la persona que es la víctima y más débil en este caso.

Actualmente a pesar de existir un gran desarrollo en la sociedad y los medios de comunicación no hemos podido erradicar la violencia intrafamiliar, esta ha sido incrementada por el estrés y la vida tan agitada que vivimos a tal grado que ya se hace difícil educar en casa y los padres preferimos que nuestros hijos sean enseñados por los medios de comunicación, como los juegos de violencia, las películas agresivas de horror y misterios o crímenes donde el protagonista es el "malo". Exponemos a nuestros jóvenes a escuchar música donde la mujer es denigrada, donde se promueve el consumo de drogas llevando todo esto a una violencia entre las familias que ya se hace "la noticia del día". Escuchar como hijos matan a sus padres y padres que matan a sus hijos, jóvenes que faltan el respeto a maestros y adultos de avanzada edad. Como esposos matan a sus esposas, como matan a niños en las escuelas, todo esto viene dado por familias disfuncionales donde la violencia ya sea psicológica, verbal o física es la protagonista, muchas veces, sin darnos cuenta.

Hago una pregunta... ¿Estamos a tiempo de combatir la violencia intrafamiliar?, ¿qué debemos hacer?

Dra. Sonia Blanco

Cuando escuchamos hablar de mitos y realidades sentimos la sensación de vivir en una burbuja en la que cualquier momento puede detonar, la cuestión es, ¿qué pasa cuando esto en realidad sucede?

Podemos decir que la convivencia es la reina de la verdad y que esta colmada de los infinitos matices de la personalidad de quienes la integran, que con el pasar del tiempo se convierten en aceptación —la mayoría de las veces—, en entender la complejidad de los sentimientos, en los malentendidos e incluso abusos verbales y físicos, puntos que son positivos o negativos según la madurez y actitud con la cual se deben sobrellevar las parejas, porque, si bien es cierto que al inicio de toda relación el romanticismo esta en aire, no esta dicho que dure para siempre.

La violencia doméstica es una realidad y detener este comportamiento pasa a ser cada vez más difícil, sin embargo, puede cambiar a gran escala si se tiene el conocimiento de la información correcta para no llegar a ser una víctima más.

Helida nos muestra en estas páginas la información necesaria para esas mujeres que, a pesar que se han superado llevan una carga emocional por no haber reaccionado al primer golpe (físico o verbal), por haber soportado vivir esa experiencia junto a sus hijos, por la vergüenza ante la familia y la sociedad y por cualquier otro sentimiento negativo que les impide seguir adelante; *Olvida el pasado y recuerda lo que mereces* es su contribución a este grupo de mujeres que cada vez crece más y más en todas partes del mundo y por supuesto a todas aquellas que han notado un atisbo de anormalidad en su relación de pareja.

Las tres partes que conforman este libro están definidas con el objetivo de comprender lo que realmente es la violencia doméstica en los diferentes ámbitos de la vida: en el amor, el trabajo, en niños y adolescentes e incluso en personas mayores y discapacitadas. En las consecuencias que sufren las víctimas de abusos por la pareja en ambientes "seguros". La autora también nos ilustra algunos casos reales para enseñarnos el coraje con el que estas mujeres decidieron cambiar su situación y con la fortaleza que viven sus días, algunas con miedo, otras fuera de sus países y alejadas de sus seres queridos para poder asegurarse un lugar en este mundo, y en la mayoría de los casos, también el de sus hijos.

Estimado lector, espero que esta lectura expanda tu sabiduría y te de la fortaleza de tomar la decisión correcta si estás viviendo esta difícil situación, y si por el contrario conoces a alguien que esta sufriendo en silencio, este libro le sirva como regalo de luz y esperanza para cambiar su existencia.

Desde tu amor propio, recuerda siempre la vida que mereces y verás que el universo te lo sabrá recompensar.

Dayana del Valle
Life Coach
Autora del libro La vida que tú quieres

Introducción

La violencia doméstica ha sido durante mucho tiempo un problema en nuestra sociedad, con impactos devastadores en sus víctimas y sus hijos, así como en toda la comunidad que los rodea. Sin embargo, los mitos que rodean a la violencia doméstica aún impregnan la sociedad, así que antes de abordar las realidades de este problema, echemos un vistazo a algunos de los mitos y realidades que lo rodean.

Conociendo el amor romántico y sus mitos

El amor romántico es nuestra idea de la perfección. Es lo que todos esperamos sentir cuando conocemos a esa persona especial que ilumina nuestro mundo con su sonrisa, nos hace reír sin proponérselo y nos vuelve completamente locos cuando no quiere besarse con nosotros. El amor romántico es un mito. La vida real no es como una novela romántica, una película o un programa de televisión.

Los mitos sobre el amor romántico proliferan y muchas personas creen en ellos sin cuestionar su validez. Algunos mitos son inofensivos, pero otros pueden generar confusión e infelicidad cuando no son ciertos.

Mito 1: este tipo de amor es todo o nada: podemos tener un final feliz para siempre con una sola persona. Pero en realidad, encontrar el amor no es como encontrar una casa o un automóvil: una talla no sirve para todos. Hay muchas relaciones románticas por ahí, y depende de nosotros encontrar nuestra pareja perfecta. El amor romántico no se limita solo a las almas gemelas; tiene muchas formas y sabores hermosos.

Mito 2: el amor romántico significa no tener que decir nunca que lo sientes: los enamorados románticos a menudo imaginan que esa persona especial nunca los defraudará. Piensan que una vez que encuentren el amor verdadero, todos los argumentos, errores y fechorías desaparecerán mágicamente. El mito del amor romántico número dos es que nadie necesita disculparse cuando está enamorado.

Que se entiende por violencia doméstica

La violencia doméstica es el uso de abuso físico, sexual, emocional o psicológico por parte de una persona en una relación íntima contra otra. Puede tener lugar en relaciones heterosexuales y entre personas del mismo sexo, y puede ocurrirle a cualquier persona, independientemente de su género o sexualidad. La violencia doméstica ocurre en todo el mundo y afecta a personas de todos los orígenes étnicos y grupos socioeconómicos. Si bien no hay excusa para el comportamiento abusivo, es importante reconocer que los perpetradores pueden haber sido víctimas de abuso físico, sexual o emocional cuando eran niños.

¿Cómo reconocer la violencia doméstica en el compromiso?

No siempre es fácil reconocer la violencia doméstica en tu relación. Por lo tanto, estamos aquí para hacerle saber cómo rastrearlo.

- **Aislamiento de amigos y familiares:** para reducir el contacto con extraños, su pareja puede tratar de evitar que vea a familiares y amigos. También pueden aislarlo al limitar su acceso al dinero o al transporte. Si ha estado aislado, no tenga miedo de buscar ayuda o consejo.

- **Manipulación emocional:** a nadie le gusta ser manipulado por su pareja. Las parejas que manipulan emocionalmente a sus seres queridos utilizarán una variedad de tácticas para controlarlos. El problema es que los socios controladores generalmente tienen habilidades de manipulación extremadamente fuertes e incluso pueden cambiar las cosas para que parezcan víctimas.

¿Por qué la víctima permanece en una relación abusiva?

Permanecer en una relación abusiva no solo es insalubre y malo para su salud física; también puede tener efectos negativos a largo plazo en su salud mental. Aunque pueda parecer que las víctimas de relaciones abusivas aman demasiado a sus parejas como para irse, eso no podría estar más lejos de la realidad. La verdad es que los abusadores son maestros manipuladores y saben exactamente cómo controlar a sus víctimas para que permanezcan atrapadas en relaciones tóxicas.

¿Qué se puede hacer cuando la víctima está en peligro?

Se ha demostrado que la violencia doméstica, ya sea que ocurra en el hogar, la escuela o el lugar de trabajo, tiene efectos devastadores tanto en las víctimas como en sus seres queridos. Si conoces a alguien que sufra violencia doméstica, ya sea a manos de una pareja o un familiar, aquí hay algunas formas en las que puedes ayudar sin poner en riesgo tu propia seguridad.

- Conoce los signos
- Aprende dónde obtener ayuda
- Revisa regularmente
- No juzgues ni critiques a tu familiar por irse
- Brinda apoyo mental
- Defiende a tu familiar si es necesario

¿Cómo comprender y afrontar el origen de la violencia en la pareja?

La violencia doméstica es un problema real que ocurre con demasiada frecuencia en la sociedad. No importa si eres rico o pobre, viejo o joven, hombre o mujer, la violencia doméstica puede afectar a cualquiera y a todos. El primer paso para comprender y tratar la violencia doméstica es identificar todas las formas en que puede afectar su vida y la de los demás. Aparte de esto, puedes hacer lo siguiente para poder enfrentar el origen de la violencia en la pareja:

- Identificar los signos que están obstaculizando el estilo de vida y la estabilidad mental, ya que puede conducir a la violencia doméstica.

- Identificar los comportamientos que se consideran inaceptables. La pareja debe informarse mutuamente sobre esto.

¿Qué es la violencia doméstica contra la mujer?

El comportamiento agresivo contra las mujeres, también llamado maltrato casero o maldad de cómplice cercano, ocurre cuando un cómplice en una relación personal se esfuerza por abrumar y controlar al otro mediante el uso de técnicas físicas y entusiastas para obtener poder y hacer que la víctima esté aterrorizada, subordinada y dócil.

Consecuencias psicológicas del maltrato en la mujer

La violencia doméstica es un problema grave y tiene muchas consecuencias negativas, tanto psicológicas como físicas, en sus víctimas. Aquí, hemos mencionado algunas consecuencias psicológicas del abuso en las mujeres.

- Baja autoestima
- Sufrir de depresión extrema y ansiedad
- Trastornos del sueño
- Cambios de humor extremos
- Pensamientos e intentos suicidas

Violencia doméstica Y discapacidad

La violencia doméstica es cuando una persona lastima o amenaza a otra en su familia u hogar. A menudo sucede entre personas que están casadas, solían estar casadas o tienen una relación romántica entre sí. Aunque la violencia doméstica puede ocurrirle a cualquiera, es más común entre las mujeres, que suelen ser víctimas de abuso. Si tiene una discapacidad, su riesgo de experimentar violencia doméstica puede ser mayor que el riesgo de otras personas porque los abusadores usan tácticas abusivas para obtener control sobre sus víctimas.

Violencia doméstica en niños

La violencia doméstica en los niños puede tener efectos graves y duraderos que interfieren con la capacidad del niño para vivir, aprender y crecer. Un niño que es testigo de violencia doméstica puede desarrollar problemas sociales y emocionales que incluyen ansiedad, depresión, autoculpabilidad, baja autoestima e incapacidad para confiar en los demás o formar relaciones saludables. Si cree que su hijo podría estar sufriendo violencia doméstica, hable con su pediatra sobre la mejor manera de ayudarlo a recuperarse e iniciar el proceso de curación.

Violencia doméstica en adolescentes

La violencia doméstica en adolescentes se refiere al abuso dentro de las relaciones románticas entre estos. La violencia doméstica en adolescentes a menudo se ve muy diferente a la que sucede en adultos; mientras que estos últimos son frecuentemente atacados con violencia física, los adolescentes experimentan abuso emocional y psicológico, así como coerción o agresión sexual. Como resultado, es importante conocer las señales de advertencia de violencia doméstica en los adolescentes, para que pueda ayudar si las ve.

Situaciones de maltrato de adultos mayores

Si usted o alguien que conoce ha sido abusado por un adulto mayor, los efectos pueden ser significativos y duraderos. Los tipos de abuso vienen en muchas formas, desde la explotación financiera hasta el daño físico y emocional. Es importante saber que cualquier tipo de abuso está mal y es igualmente importante comprender las señales para poder obtener ayuda si es necesario.

Violencia en el trabajo

La violencia en el trabajo puede tomar muchas formas, pero independientemente de su contexto, es una realidad desafortunada que algunas personas la encuentren mientras están en un ambiente laboral. Las víctimas de violencia en el trabajo pueden ser incapaces de completar sus tareas de manera efectiva, pueden llegar tarde o ausentarse del trabajo con frecuencia y, en algunos casos, incluso pueden renunciar a sus trabajos por completo.

¿Cómo se puede combatir la violencia doméstica?

La violencia doméstica adopta muchas formas y las víctimas no siempre son mujeres. Hay muchas maneras de identificar una relación abusiva y hay muchas señales de una pareja abusiva incluso antes de que esa persona se vuelva físicamente violenta. Si usted o alguien que conoce puede estar en una relación abusiva, aquí hay algunas formas de lidiar con la violencia doméstica y salir de ella de manera segura.

- Practique el cuidado personal

- Mantenga un registro de todos los incidentes
- Cree reglas apropiadas en su hogar y dígales a todos que las respeten
- Participe en varias campañas de concientización sobre violencia doméstica y aprenda consejos importantes

Mito

'Los perpetradores suelen ser extraños que atacan de la nada".

Realidad

Este es uno de los mitos más generalizados sobre la violencia doméstica, pero no podría estar más lejos de la realidad. De hecho, las personas que conocen a sus parejas tienen casi cuatro veces más probabilidades de experimentar violencia física severa que aquellas que no las conocen. También pueden darse relaciones violentas entre extraños; aunque tienden a aparecer en los titulares porque son más raros. Los hombres que abusan de las mujeres en las relaciones íntimas también tienen muchas más probabilidades de abusar de otros miembros de la familia o de los niños; especialmente si beben o usan drogas. Como resultado, mantener la distancia con un hombre abusivo solo reduce el riesgo de convertirse en una víctima, ¡no la hace completamente segura!

Entonces, todo esto se trata de los mitos y la realidad de la violencia doméstica.

PRIMERA PARTE

El amor romántico

"Superar el abuso no ocurre solo. Se hace paso a paso,
adecuada y positivamente.
Que hoy sea el día en que comienzas a moverte hacia delante".
Assunta Harris

Helida Monteiro

El amor romántico

El amor romántico en la sociedad occidental se suele representar de una manera completamente estereotipada. Son dos mitades anhelantes, buscándose para encontrar su estado completo y original del amor. De acuerdo con la mitología griega, a los amantes perfectos se les dijo que se unieran y luego se cortaran en dos. Se puede considerar que el amor es el deseo de cada parte para encontrar al otro que falta. Este tipo de mito persiste principalmente en las historias de amor, la cultura e incluso en las comedias románticas. Además, se sabe que afecta nuestra identidad social, que generalmente está formada por descripciones de relaciones escritas. A partir de ahora, varias personas tienden a escapar hacia el mundo virtual especialmente en la búsqueda de una relación ideal. Los mensajes coquetos y las citas en línea se utilizan a menudo como antídoto para la falta de intimidad, la soledad y la experiencia de pérdida. Hoy en día es realmente fácil volverse adicto a este tipo de mundo virtual porque el amor real no podía competir con nosotros. Todo esto da como resultado varios tipos de reacciones emocionales y conductuales. Todo tipo de vínculos entre la salud mental, el corazón roto, la salud física y el estrés están bien documentados.

Mitos

'Mi amada se quedará locamente enamorada para siempre'.

'La intimidad es lo más importante en una relación'.

Realidades

Algunos te dirán que cuando encuentras a alguien que te ama tanto como tú los amas, es una bendición. Bueno, con el tiempo, cualquier relación tiene la posibilidad de desmoronarse o volverse obsoleta. Cuando una pareja deja de ser suficiente para otra, todo cambia. Si una pareja se separa, con el tiempo fue la decisión de los dos o uno desistió del amor. Pero no esperes que tu relación permanezca perfecta a lo largo de sus vidas juntos, porque existe momentos buenos y mal, mas quien decidirá permanecer en el amor será el victorioso, porque amar es un mandamiento.

Si bien la intimidad es importante tanto para los hombres como para las mujeres en las relaciones, hay muchas otras formas de fomentar la cercanía, además de tener relaciones sexuales. Muchas parejas optan por abrazarse o pasar tiempo haciendo una actividad que disfrutan juntos como pareja. Estas cosas no requieren desnudez o sexo.

¿Cuándo deben encenderse las alarmas para reconocer una pareja violenta durante el compromiso?

Generalmente las relaciones no comienzan siendo violentas o abusivas y la mayor parte de la relación íntima nunca se vuelve abusiva en absoluto. De hecho, el abuso doméstico suele ocurrir con una frecuencia alarmante y desgarradora. De acuerdo con la coalición nacional contra la violencia doméstica, aproximadamente veinte personas cada minuto son abusadas físicamente por su pareja íntima solo en los Estados Unidos. Si bien este tipo de abuso generalmente les ocurre a personas de todos los géneros, es más probable que las mujeres se vean afectadas. Lamentablemente, la mayoría de la violencia infligida por la pareja suele representar aproximadamente el quince por ciento de todos los delitos violentos.

La violencia doméstica generalmente se refiere a muchos tipos de abuso que son cometidos por miembros de la familia o una pareja íntima contra otros miembros de la familia. El abuso doméstico también se refiere a diferentes tipos de abuso cometidos por una persona contra otra durante un compromiso o incluso una relación doméstica.

Mitos

'Nadie realmente quiere casarse conmigo. Solo me están usando como respaldo'.

'Es mejor esperar hasta que seamos mayores y nos establezcamos antes de casarnos'.

Realidades

Hay gente que dice esto para negar mucho compromiso. Lo estás logrando al estar en una relación sin matrimonio o cualquier compromiso formal. En esencia, esto tiene tanto sentido como decir: "Nunca volveré a conducir un automóvil".

A medida que envejecemos, cambiamos. crecemos Nuestras prioridades de vida pueden cambiar. Lo que valoramos en los

25 años es diferente de lo que valoramos en 30 o 45 años. Si aún no ha encontrado a su pareja, puede ser porque no es con quien quiere pasar su vida. Si esperas a ser mayor para casarte, es posible que termines arrepintiéndote de no haberte casado con alguien más joven que tú.

La alarma que no debes ignorar

El miedo es una gran bandera roja para usted. Es posible que a veces tengas miedo de decir lo que piensas, de decir no al sexo, o incluso de mencionar ciertos temas de conversación. No importa cuál sea la razón, el miedo nunca es un signo de una relación saludable. Además, en caso de que creas que estás siendo abusado, recuerda que siempre hay una buena posibilidad de que sea cierto, y realmente vale la pena buscar ayuda. Además, trata de tener en cuenta las siguientes señales, especialmente si enfrentas violencia doméstica antes de comprometerte.

1. Tu pareja te amenaza, intimida o ejerce control sobre ti:

- Siempre te culpa por los abusos.
- Lo acusa de tener una aventura externa.
- Te critica por cualquier cosa y por todo.
- Siempre te grita y te grita.
- Lo golpea especialmente cuando está enojado.

2. Tu pareja te maltrata físicamente:

- Intenta atacarte con un arma.

- Patea, puñetazos, muerde, empuja o tira de sus pelos.
- Intenta encerrarlo dentro y fuera de su casa.
- Siempre te abandona en lugares desconocidos.
- Lo mantiene alejado de dormir, comer o incluso recibir atención médica.

3. Su pareja lo abusa sexualmente:

- Siempre te obliga a tener relaciones sexuales.
- Intenta vestirte de forma sexual.
- Intenta contagiarte una ETS.
- Siempre te hace sentir que les debes sexo.

4. Tu pareja mantiene el control de las finanzas:

- Mantiene las tarjetas de crédito o el efectivo fuera de su alcance.
- Lo mantiene alejado de trabajar en cualquier trabajo que desee.
- Intenta robarle dinero.
- Intenta ponerle una mesada y siempre le hace explicar cada dólar que gasta.

5. Tu pareja te separa de tus amigos y familiares:

- Tu pareja intenta avergonzarte delante de los demás y te hace evitar a la gente.
- Siempre te hace pedir permiso, especialmente para ver a familiares y amigos.
- Siempre cierra pestañas especialmente sobre su paradero.

En primer lugar, si enfrentas violencia doméstica antes del compromiso, no olvides *que siempre te mereces algo mejor y que no es culpa tuya.* En caso de que tengas alguna dificultad, no dudes en dirigirte a tu familia, amigos, vecinos o cualquier persona cercana. Además, si te encuentras en una emergencia, intenta llamar al número de teléfono de tu país y Estado en que te encuentres para obtener ayuda inmediata.

Mito

'El tiempo curará una relación abusiva'.

Realidad

Esto no es cierto en absoluto. Uno de los primeros pasos para salir de una relación abusiva es averiguar si estás en una. Reconocer la violencia doméstica no siempre es fácil, especialmente cuando no encajas en un patrón estereotípico. Los abusadores a menudo son manipuladores, pero algunas señales pueden ayudar a advertirte que algo anda mal: ¿su pareja se enoja rápidamente incluso por pequeños problemas? ¿Tu pareja golpea a otras personas delante de ti? Esta pregunta te ayudará a reconocer lo que está ocurriendo.

Tipos de abusos que pueden presentarse en una relación romántica

La mayoría de las personas tienden a asumir que la violencia es física, especialmente cuando escuchan sobre abusos. Sin embargo, no siempre es lo mismo. El abuso romántico o el abuso en el noviazgo es típicamente un patrón de comportamiento que se usa para ganar e incluso mantener el control y el poder sobre una pareja. La violencia física es un ejemplo simple de tal comportamiento. A continuación, enumeramos algunos de los tipos de abusos que suelen ocurrir en una relación romántica.

1. **Abuso sexual:** el abuso sexual generalmente se refiere a cualquier tipo de comportamiento que coacciona o presiona a una persona a hacer algo sexualmente que no quiere hacer. Por lo general, afecta la capacidad de una persona para controlar sus circunstancias o actividades sexuales, incluida la violación, el sexo oral o incluso el control de los métodos de reproducción y elecciones. Los ejemplos de abuso sexual incluyen caricias no deseadas, besos, actividad sexual violenta, etc.

2. **Abuso financiero:** este tipo de abuso generalmente opera de una forma más sutil que otros tipos de abuso, pero a veces puede ser tan dañino como los que lo experimentan. Los ejemplos de abuso financiero incluyen impedirle ver registros o cuentas bancarias compartidas, darle una asignación o monitorear todas las cosas que compra, etc.

3. **Acecho:** el acecho suele ocurrir cuando una persona te sigue, te acosa o te observa a intervalos repetidos, lo que te hace sentir inseguro y asustado. Ejemplos de acoso son el uso de tecnología o redes sociales para realizar un seguimiento de sus actividades, difundir

rumores, manipular a otros para que investiguen sobre usted, etc.

4. **Abuso digital:** este tipo de abusos, por lo general, hacen uso de tecnologías como las redes sociales y los mensajes de texto, especialmente para acosar, acechar o intimidar a una pareja. También se puede considerar como una forma de abuso verbal o emocional realizado en línea. Ejemplos de abuso digital incluyen el uso de las redes sociales para rastrear sus actividades, enviar mensajes o correos electrónicos insultantes, negativos o amenazantes, etc.

Recuerde el hecho de que nadie realmente merece sufrir abuso de ningún tipo y cada tipo de abuso es extremadamente grave. En caso de que encuentre alguna de estas señales de advertencia en su relación actual, intente comunicarse con otras personas y obtener ayuda.

> *"Ante las atrocidades tenemos que tomar partido.*
> *La posición neutral ayuda siempre al opresor, nunca a la víctima. El silencio estimula al verdugo, no al que sufre".*
> Elie Wielsen

Vamos a adentrarnos en lo que realmente es la violencia doméstica en la sociedad y como se define en cada caso.

Mito

'Todos los hombres son básicamente perpetradores'.

Realidad

Por regla general, no todos los hombres son perpetradores. Según varios estudios, en algunos países, las mujeres cometen la violencia de pareja. Así que es importante no asumir que cada hombre que golpea a su novia es un golpeador de mujeres. La realidad puede ser diferente.

Las estadísticas indican que en América Latina y el Caribe (21 países) el Feminicidio o femicidio en el último año en números absolutos y tasas es por cada 100.000 mujeres.

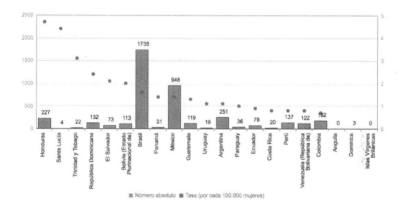

Fuente: oig.cepal.org.

Violencia doméstica

De acuerdo con las Naciones Unidas y otras organizaciones que trabajan con la violencia doméstica, se puede definir como un patrón de comportamiento de cualquier tipo de relación que se utiliza para mantener o ganar control y poder sobre una pareja íntima. Durante siglos, la violencia doméstica es una práctica común en todo el mundo. *Se estima que aproximadamente diez millones de personas en los Estados Unidos se ven afectadas por tales abusos anualmente[1].*

Mito

'Las mujeres maltratadas siempre son débiles'.

Realidad

A veces es fácil olvidar que las mujeres también son personas. Por ejemplo, imaginamos a una víctima de violencia doméstica como alguien constantemente oprimido e incapaz de valerse por sí mismo. En realidad, una mujer maltratada puede ser cualquiera: rica o pobre, joven o vieja, y de cualquier raza. Ella puede ser callada o ruidosa; incluso podría tenerlo todo en otros aspectos de su vida. Esto significa que no podemos saber si una mujer es abusada al mirarla.

"Cuanto más elegimos no hablar de violencia doméstica, más nos alejamos del tema y más perdemos".
Russell Wilson

---

[1] nsvrs.org (s/f) Estadísticas. www.nsvrc. Recuperado de: https://www.nsvrc.org/es/node/4737#footnote-a

La violencia doméstica contra la mujer.

Las Naciones Unidas define que: la violencia doméstica contra la mujer es un acto de tipo típico de violencia de género que tiene más probabilidades de resultar en daño o sufrimiento sexual, físico o incluso mental para las mujeres. También incluye amenazas como la privación de libertad arbitraria o por coacción en la vida privada o pública. La violencia doméstica contra las mujeres se puede subdividir en dos partes, es decir, violencia de pareja y violencia sexual.

- **Violencia de pareja íntima:** como su nombre indica, la violencia de pareja íntima se refiere al comportamiento de una expareja o incluso de una pareja íntima que causa daño psicológico, físico o sexual, además de coerción sexual, agresión, abuso psicológico y conductas controladoras.

- **Violencia sexual:** la violencia sexual se puede denominar cualquier tipo de acto dirigido contra la sexualidad de una mujer, por cualquier persona, sin tener en cuenta la relación con la víctima. La violencia sexual incluye actos como la violación, que se define además como la penetración forzada o coaccionada físicamente del ano o la vulva con un pene.

Discriminación y maltrato a la mujer

En total, la ley le ha fallado a las mujeres. Varias comunidades internacionales y gobiernos han mostrado un gran interés en los sistemas legales en diferentes entornos. Sin embargo, las mujeres son las que siguen sufriendo una terrible discriminación y violencia. En muchos países de Oriente Medio y Asia, la violación ha sido endémica. En otros, las mujeres o las niñas son traídas y vendidas en el mercado, especialmente para el pago de deudas familiares, el matrimonio de menores y la violencia doméstica. Por lo general, el sufrimiento y la opresión de las mujeres se agrava con la ayuda del conflicto civil. A continuación, enumeramos algunas de las principales causas del maltrato y la discriminación de las mujeres.

- Menores niveles de educación.
- Una larga historia de exposición principalmente al maltrato infantil.
- Menores niveles de acceso de la mujer al empleo remunerado.
- Menores niveles de igualdad de género.
- Uso de alcohol.

Vulnerabilidades de abuso entre mujeres con discapacidades

Varios tipos de investigaciones revelan que las mujeres que tienen discapacidades experimentan diferentes tipos de abuso físico, emocional e incluso sexual que es fácilmente comparable a todas las que no tienen discapacidades. Otros especialistas en discapacidad también sugieren que las mujeres que tienen discapacidades son más vulnerables al abuso. Sin embargo, en ocasiones sirve para reducir las defensas físicas y emocionales de la mujer. Los hallazgos incluso sugieren la necesidad del desarrollo general de una maquinaria de detección de abuso sensible a la discapacidad, especialmente para alejar a una mujer de cualquier tipo de situaciones o relaciones potencialmente abusivas.

En caso de que esté sufriendo violencia doméstica o abuso y quiera salir de él, recuerde que siempre hay una salida. A veces puede ser muy difícil admitir o reconocer que está en una relación abusiva, pero también debe saber que siempre hay ayuda disponible para usted. No olvide que nadie merece ser abusado en ningún momento de la vida.

> *"La violencia es un animal incontrolable, que suele terminar atacando a su propio amo".*
> Renny Yagosesky

Desglosándolo aún más, aproximadamente una de cada cuatro mujeres y uno de cada nueve hombres son en realidad víctimas de este tipo de violencia doméstica. Sin embargo, se cree que este cálculo no se informa. También se encuentra en algunos casos que la violencia doméstica se extiende incluso a familiares, niños y parientes de edad avanzada. De acuerdo con las muchas formas de abuso, la violencia física también es sinónimo de violencia doméstica. Aquí, en este libro, vamos a aprender ampliamente sobre las diferentes formas de violencia doméstica y todas las realidades y mitos relacionados con dicha violencia[2].

---

[2] National Institute on Aging. (2020) Maltrato y abuso de las personas mayores. nia.nih.gov. Recuperado de https://www.nia.nih.gov/espanol/abuso-personas-mayoresy

Mitos y realidades de la Violencia doméstica

La violencia doméstica es un asunto privado: un mito muy común sobre la violencia doméstica es que a menudo se considera un asunto familiar privado. Sin embargo, los crecientes casos en los Estados Unidos dicen algo más. Mantener esa violencia como secreto en realidad no ayuda a nadie. Además, se ha visto que la violencia doméstica daña a los niños y a los miembros de la familia. También incurre en un costo sustancial para la sociedad, impide perpetrar el abuso doméstico con la ayuda de patrones de comportamiento aprendidos (National Institute on Aging. 2020).

La violencia doméstica no es demasiado grave: otro mito relacionado con la violencia doméstica es que no es tan grave. Sin embargo, se debe saber que la violencia doméstica es un acto totalmente ilegal en los Estados Unidos y también se considera un delito grave que tiene repercusiones. Recuerda que todos y cada uno de los actos de violencia doméstica deben tomarse con cautela.

Las víctimas provocan la violencia de sus parejas íntimas: aquí hay otro mito sobre la violencia doméstica. Sin embargo, el hecho es que no importa qué tipo de problema haya existido en una relación, el uso de violencia física o mental no es aceptable ni justificable. La violencia doméstica no tiene excusa.

La violencia doméstica, en general, puede incluir formas como:

- **Abuso físico:** el abuso físico es una forma muy común de violencia doméstica. Ocurre principalmente cuando el comportamiento de una persona está claramente destinado a sobrepasar a la víctima impotente con el fin de obtener el control de la relación. Ejemplos de abuso físico incluyen bofetadas, puñetazos, empujones, patadas, etc.

- **Abuso sexual:** el abuso sexual es una forma muy difícil de violencia doméstica tanto en términos de identificación como de discusión. Esta forma de abuso se usa de la misma manera que la violencia física por parte de los abusadores, especialmente para obtener el control. Los ejemplos de abuso sexual incluyen coerción reproductiva, sabotaje del control de la natalidad, acusar a una pareja de promiscuidad, etc.

- **Abuso financiero:** las investigaciones indican que este abuso ocurre en el 99% de los casos de violencia doméstica (National Institute on Aging. 2020). Esta forma de violencia doméstica a menudo se desconoce y es una forma de abuso muy común, porque empieza muy sutilmente y progresa con el tiempo. Es un de los métodos más poderosos para mantener a un sobreviviente atrapado en una relación abusiva y disminuye profundamente la capacidad de la víctima para mantenerse a salvo después de dejar a una pareja abusiva.

Ejemplo:

El abusador puede hablar como: *Estoy mirando que estás con mucho estrés, amor, en este momento, así que, ¿por qué no me dejas ocuparme de las finanzas? Y te daré dinero cada semana para lo que necesites."*

Cuando acontece esta situación la víctima acredita en el abusador que está tan enamorada y cede voluntariamente el control del dinero. Este escenario lleva a que el abusador le proporcione a la víctima cada vez menos "subsidio" y cuando la víctima decide que quiere recuperar el control de las finanzas, descubre que todas las cuentas se han movido o ya no tiene conocimiento ni acceso a los fondos familiares. El abusador financiero se encuentra en todos los grupos socioeconómicos, educativos, raciales y étnicos.

Los temores que viven las víctimas son reales, ya que se quedan sin un lugar para sí mismos y sus hijos, y la mayoría regresan con su pareja abusiva. Las secuelas son:

1. Puntaje de crédito arruinado.
2. Antecedentes laborales esporádicos.
3. Problemas legales causados por el abuso.
4. Dificultad para obtener independencia y seguridad.

Características de estos abusadores

Los abusadores utilizan la violencia o las amenazas de violencia de intimidación para evitar que la víctima trabaje o tenga acceso a los fondos familiares. Ya sea de forma sutil o abiertamente. Éstos incluyen:

- Prohibir a la víctima trabajar.
- Sabotear el trabajo o las oportunidades de empleo al acechar o acosar a la víctima en el lugar de trabajo o

hacer que la víctima pierda su trabajo golpeando físicamente antes de reuniones o entrevistas importantes.

- Impedir que las victimas asista a capacitaciones laborales u oportunidades de ascenso.
- Controlar cómo se gasta todo el dinero.
- No incluir a la víctima en decisiones de inversión o bancarias.
- No permitir que la víctima aceda a cuentas bancarias.
- Retener dinero.
- Obligar a la víctima a emitir cheques sin fondos o presentar declaraciones de impuestos fraudulentos.
- Acumulaciones de gran cantidad de deudas en cuentas conjuntas.
- Negarse a trabajar o contribuir a los ingresos familiares.
- Retener los fondos de la víctima o los niños para obtener necesidades básicas como alimentos y medicinas.
- Ocultar activos.
- Robar la identidad, la propiedad o la herencia de la víctima.
- Obligar a la víctima a trabajar en una empresa familiar sin goce el sueldo.
- Negarse a paga facturas y arruinar el puntaje crediticio de las víctimas.
- Denegarse a pagar o evadir la manutención de los hijos o manipular el proceso de divorcio retirando, ocultando o no divulgando bienes.

> *"Cualquier momento del día o de la noche es bueno para decir basta y poner fin a una etapa de tu vida que hubieras deseado no vivir."*
> Raimunda de Peñafort

Mito

'Los abusadores están todos enojados.
Son todos hombres celosos'.

Realidad

La mayoría de nosotros tenemos un estereotipo en la cabeza sobre cómo se ve un abusador. Por lo general, es un hombre, a menudo de mal genio y siempre enojado. La verdad es que los abusadores vienen en todas las formas y tamaños. Los abusadores no son solo hombres grandes y corpulentos que parecen malvados.

Recomendaciones prácticas para víctimas del abuso financiero

1. Planifique comunicándose con un programa local de violencia domestica para discutir y conocer los recursos a los que puede acceder para recibir apoyo de los fondos de asistencia de emergencia y refugio.
2. Cambie todos los códigos y PIN de tarjetas de débito y cajeros automáticos, contraseñas de banco en línea

y contraseñas de inversiones en línea. También cambie la contraseña de correo electrónico.

3. Llame a empresas de servicios telefónico celular e instituciones financieras para proteger su información.

4. Obtenga una copia de su informe crediticio y controle su crédito con regularidad. Las instituciones financieras brindan servicios de monitoreo de crédito.

5. Asegúrese de realizar los cambios necesarios en sus planes de seguro, testamento y los beneficiarios.

Siempre debe pensar que un abusador es excelente para manipular y controlar a sus víctimas. Las personas que son abusadas física o emocionalmente a menudo están agotadas, deprimidas, confundidas y asustadas por todo lo demás. En caso de que sea una víctima, debe intentar detectar todas las señales de advertencia para escapar de una situación de abuso lo antes posible y comenzar a sanar[3].

Ejercicio

Dedica unos momentos a reflexionar profundamente sobre el tipo de mensaje que ronda por tu cabeza. Imagina estas situaciones como si estuvieran sucediendo realmente. Empieza a responder estas preguntas:

¿Qué es el amor romántico?

_____

_____

---

[3] Womenslaw.org. (2020) Consejos para las víctimas de Acecho. www.womenslaw.org. Recuperado de: https://www.womenslaw.org/es/sobre-el-maltrato/ideas-para-su-seguridad/consejos-para-victimas-de-acecho

¿Cuándo deben encenderse las alarmas para reconocer una pareja violenta durante el compromiso?

_____

_____

_____

¿La alarma que no debes ignorar?

_____

_____

_____

¿Tipos de abusos que pueden presentarse en una relación romántica?

_____

_____

_____

¿Qué es la violencia doméstica?

_____

_____

_____

¿Cuáles son los mitos y realidades de la violencia doméstica?

_____

_____

_____

Revisa lo que has escrito y reflexiona sobre lo que aprendiste.

SEGUNDA PARTE

La víctima

"Puedes reconocer a los sobrevivientes de los abusos por su valor. Cuando el silencio es tan acogedor, ellos dan un paso adelante y comparten su verdad para que otros sepan que no están solos."
Jeanne McElvaney

Helida Monteiro

La permanencia de la víctima en una relación abusiva

En casi todos los casos, las relaciones abusivas y la violencia doméstica son un conjunto de tipos de relaciones extremadamente complejas y se necesita mucho coraje, especialmente para irse. El abuso tiene que ver con el control y el poder. Siempre que un sobreviviente abandona su relación abusiva, se ve que en la mayoría de los casos, tienden a amenazar y controlar el poder que su pareja ha establecido sobre la agencia del sobreviviente. Incluso puede hacer que su pareja tome represalias de formas más dañinas. De hecho, dejar la situación puede considerarse como el período más peligroso, especialmente para los sobrevivientes de abuso.

Mito

'Todas las relaciones abusivas son permanentes'.

Realidad

Si bien es cierto que las relaciones abusivas a menudo conducen al abuso crónico o permanente, no todas las relaciones abusivas lo son. De hecho, algunos abusadores superan su comportamiento controlador o manipulador, se arrepienten de sus acciones pasadas y desarrollan una mayor empatía. Por supuesto, no puede predecir cuánto tiempo le tomará a su abusador cambiar, pero es importante ser consciente. Buscar ayuda externa también puede ayudar a su abusador a ver las cosas desde otra perspectiva. Si su abusador no ha expresado remordimiento, no espere a que venga; debe salir inmediatamente de ello si es necesario.

Rasgos de un abusador

El abuso doméstico generalmente surge del deseo de mantener o ganar control y poder sobre una pareja íntima. Los abusadores generalmente creen que tienen derecho a controlar e incluso restringir la vida general de su pareja. Sienten esto porque creen que sus propias necesidades y sentimientos siempre deben tener prioridad en una relación o porque disfrutan ejerciendo el control y el poder que les otorga ese tipo de abuso.

A continuación, enumeramos algunas de las características clave de un abusador:

- Toma el control de todo el dinero que gasta.
- Lleve un registro de cada cosa que hace e incluso lo critica por cada cosa.
- Generalmente se enoja cuando usa drogas o bebe alcohol.
- Amenaza con usar armas en su contra.
- Destruye su propiedad o sus pertenencias.
- Te humilla frente a un extraño.
- Te obliga a tener relaciones sexuales.
- Culpa de sus arrebatos violentos.
- Amenaza con dañar a sus hijos, mascota o parientes cercanos.

¿Cuáles son las señales de un abusador?

- Posesividad y celos.
- Extremadamente hipersensible.
- Tiene un comportamiento controlador.
- Cruel e irrespetuoso con los demás.
- Uso de la fuerza durante la actividad sexual.
- Gritar en todo momento.
- Tiene una expresión facial deslumbrante.

Vamos a estar siempre consciente de sus propias necesidades de seguridad al interactuar con una persona abusiva. Además, trate de no reunirse en privado, especialmente con un individuo propenso a la violencia. En caso de que sea absolutamente necesario, asegúrese de que haya alguien disponible cerca en caso de que necesite ayuda.

Mito

Dicen que 'irse significa perderlo todo'.

Realidad

Es cierto que perderás muchas cosas cuando decidas dejar una relación abusiva, pero no es cierto que nunca podrás recuperarlas. Su abusador hará todo lo posible para convencerlo de que sus amigos, familiares, mascotas u otras propiedades son suyas. No permita que su abusador use estas cosas como armas en su contra; manténgase fuerte incluso cuando todos a su alrededor parezcan haber renunciado a ayudar. Si es posible, tome medidas para proteger a sus seres queridos antes de intentar escapar.

Comprensión del origen y tipo de violencia

La violencia puede afectar a cualquier persona independientemente de su género, edad, identidad, raza, orientación sexual o incluso cultura. En su mayoría, el abuso doméstico incluye abuso psicológico, abuso verbal, variedad y abuso físico. La violencia doméstica no necesariamente necesita un labio ensangrentado o un ojo morado. Cualquiera es susceptible de convertirse en víctima o abusador. A veces, el abusador puede tener un trastorno de salud mental no diagnosticado o puede no cumplir con los medicamentos. El abusador puede ser una persona mayor y no tiene antecedentes de violencia, pero actualmente sufre de deterioro cognitivo o demencia, lo que genera tendencias violentas. Es posible que el abusador se haya vuelto recientemente adicto al alcohol o esté tomando medicamentos recetados. Además, una víctima no siempre es solo la pareja de hecho o el cónyuge. La víctima también puede ser un niño que presencia violencia o incluso sufre abuso físico o verbal. En caso de que conozca a una víctima que sufre abuso doméstico, manténgase siempre en contacto. Sea siempre solidario sin juzgar. Acreditamos que una víctima puede necesitar la ayuda de otras personas en cualquier momento.

Mito

'Si realmente me amara, cambiaría'.

Realidad

Muchas personas que son víctimas de violencia doméstica se encuentran atrapadas en su situación y, a menudo, se preguntan por qué no pueden hacer feliz a su pareja. Las víctimas se preguntan si no están haciendo lo suficiente o si no se están esforzando lo suficiente para mejorar las cosas. La realidad es que cuando alguien es abusivo, no es capaz de pensar o actuar racionalmente. Arremete porque siente miedo, enojo, frustración o simplemente porque no tiene control de sus impulsos.

> *"Esta ansia irracional de dominio, de control y de poder sobre la otra persona es la fuerza principal que alimenta la violencia doméstica entre las parejas."*
> Luis Rojas Marcos

El abuso de pareja o la violencia doméstica es un problema clave de salud pública que afecta a más de dos millones de mujeres, lo que provoca lesiones, falta de vivienda o incluso la muerte de las víctimas. Además, en su sentido más amplio, el abuso doméstico también implica violencia contra adolescentes, niños, padres e incluso ancianos. A veces, puede tomar múltiples formas, incluido el abuso verbal, emocional, físico, religioso, económico y sexual. Incluso puede variar desde formas coercitivas y sutiles hasta la violación conyugal e incluso el abuso físico violento como la mutilación genital femenina, el lanzamiento de ácido que resulta en desfiguración o muerte. Aquí, vamos a entender todo el origen de la violencia doméstica en las parejas.

¿Cuándo se considera la violencia doméstica?

La violencia doméstica a menudo se considera cuando existe un desequilibrio de control y poder. En la mayoría de los casos, un abusador tiende a usar palabras y comportamientos hirientes e intimidantes para ganar control. A veces puede que no sea muy fácil identificar inicialmente la violencia doméstica. Sin embargo, hay ciertas relaciones que son claramente abusivas desde el principio, y el abuso a menudo comienza sutilmente y empeora con el tiempo. Podría estar sufriendo abuso doméstico si tiene una relación con alguien que:

- Lo llama por diferentes nombres.
- Mantiene el control sobre cómo gasta su dinero.
- Te obliga a tener relaciones sexuales o incluso a participar en actividades sexuales.
- Te amenaza cada vez.
- Lo desanima o te impide ir a la escuela, la universidad e incluso al trabajo.

Mito

'Amar significa renunciar a uno mismo'.

Realidad

No es raro que las víctimas crean que si aman lo suficiente a su abusador, si le muestran cuánto les importa, entonces su abusador cambiará su comportamiento. No pueden dejar ir la esperanza de que su pareja algún día los ame como lo hicieron al principio. A menudo es más fácil imaginar que depende de ti arreglar a tu pareja que admitir que puede ser imposible lograr que tu pareja cambie.

¿Qué tan frecuente es la violencia doméstica?

Las estadísticas dicen que en promedio 24 personas por minuto son víctimas de violencia física, violación o incluso acoso por parte de su pareja íntima solo en los Estados Unidos. Casi tres de cada diez mujeres y uno de cada diez hombres en los Estados Unidos han sufrido violencia física, violación y acoso por parte de su pareja. Además, todos estos están teniendo impactos relacionados, especialmente en su funcionamiento. Otros informes indican que cada año se producen casi cinco millones de actos de abuso doméstico contra mujeres de casi dieciocho años o más, incluidos eventos menores como empujones, bofetadas, agarres, golpes, etc. punto en su vida.

¿Son los niños también víctimas de violencia doméstica?

Todos los niños que están expuestos a la violencia doméstica en su hogar también experimentan daños mentales, emocionales y sociales, lo que afecta su desarrollo. También se observa que algunos niños pierden su capacidad para sentir empatía por los demás, mientras que algunos pueden sentirse socialmente aislados en ocasiones. La mayor parte de la violencia contra los niños involucra uno de los seis tipos principales de violencia interpersonal que generalmente ocurre en diferentes etapas del desarrollo. Estos pueden incluir acoso, maltrato, violencia juvenil, violencia de pareja íntima, violencia psicológica y emocional y violencia sexual.

Mito

'Yo también podría ser abusado'.

Realidad

Algunas personas piensan que los niños son inmunes a la violencia doméstica. Sin embargo, algunas cifras sugieren que hasta el 20 % de las víctimas de abuso infantil han sido testigos de una forma de violencia doméstica en sus hogares. Dejando de lado las estadísticas, es importante que las personas que viven con violencia doméstica entiendan cómo sus efectos se propagan en toda la familia.

La violencia doméstica nunca debe tolerarse. En caso de que se enfrente a abusos por parte de su pareja íntima, intente buscar ayuda y salga lo antes posible.

"Ningún hombre es lo bastante bueno para gobernar a cualquier mujer sin su consentimiento."
Susan B. Anthony

Consecuencias de la violencia doméstica en la mujer

La violencia doméstica en sus diversas formas puede llegar a afectar el bienestar de víctimas y los victimarios, y la red en la que ambos viven. Vivimos en una sociedad donde las mujeres están experimentando las consecuencias de la violencia doméstica más que los hombres. Hablando de las consecuencias de la violencia doméstica, puede afectar la salud física, la salud sexual, la salud psicológica y la salud psiquiátrica. Aquí, estaremos hablando específicamente de las consecuencias psicológicas del maltrato en las mujeres.

Te sorprenderá saber que una de cada tres mujeres ha sufrido brutalidad física real desde los 15 años. La mayoría de las veces, los hombres juegan el papel de culpables. La mayoría de las mujeres son maltratadas cuando sus parejas quieren tener un control total sobre la parte emocional y psicológica al menospreciarlas. Sus parejas quieren controlar sus actividades y si alguien quiere ir en contra de esto, tendrá que lidiar con violencia física y psicológica. Aunado a esto, debemos decir que el maltrato psicológico y físico no solo es preocupante. De hecho, les hace daño mentalmente y, si dura un período de tiempo más largo, es posible que tengan que lidiar con una amplia gama de enfermedades mentales.

Las mujeres que se han enfrentado a un comportamiento agresivo en el hogar o al abuso corren un riesgo esencialmente mayor de experimentar una amplia gama de condiciones. Incluye pensamientos de suicidio, abuso de sustancias, ansiedad, depresión y trastorno de estrés postraumático, también conocido como PTSD.

Mito

'Quedarme me hace mejor persona'.

Realidad

El hecho de que alguien te haya tratado mal no significa que tengas que aceptarlo. Puede parecer contradictorio, pero muchas víctimas sienten que al quedarse están siendo más indulgentes o amables de lo que serían si se fueran. La realidad es que al quedarte, estás aceptando el mal trato de otra persona, lo que hace que tu vida sea peor de lo que podría ser.

La mayoría de las mujeres son maltratadas en casos de violencia doméstica donde el estallido de los abusadores generalmente es seguido por una pequeña disculpa o remordimiento. Lo peor es que este ciclo nunca se detiene y, por lo tanto, las mujeres esperan el próximo estallido de los abusadores. En estas situaciones, las mujeres empiezan a pensar que tienen muy poco control, especialmente cuando el maltrato está ocurriendo en su hogar.

Tipos de consecuencias psicológicas

El maltrato en la mujer puede acarrear las siguientes consecuencias psicológicas:

- Baja autoestima
- Dificultad para mantener y formar relaciones
- Ansiedad extrema
- Falta de límites adecuados
- Autodegradación
- Estrés crónico
- La respuesta de ira rápida o incontrolada
- Pérdida de memoria
- Pérdida de productividad o concentración
- Comportamiento auto-abusivo
- Llanto frecuente
- Problemas con la crianza de los hijos
- Pasividad
- Mayor vigilancia
- Respuesta de miedo inusual
- Trastornos del sueño
- Diversas fobias

¿Cómo funcionan los servicios de salud mental?

Es un hecho que las mujeres que son víctimas de violencia doméstica experimentan diversos problemas psicológicos. Ahora, cuando se trata de obtener el mejor tratamiento de salud mental, no se les pregunta regularmente sobre el abuso o la violencia doméstica. Según un estudio, casi el 15 % de los especialistas en salud mental preguntan sobre conductas agresivas en el hogar de forma rutinaria. Por otro lado, el 27 % aceptó que no contaba con recursos de derivación satisfactorios[4]. Si no se hace un interrogatorio directo, las sobrevivientes de violencia doméstica no revelarán el maltrato a los proveedores de servicios de salud. Si estos especialistas manejan los síntomas sin conocer la causa real, no será muy efectivo.

Entonces, a partir de ahora, conoces las consecuencias psicológicas del maltrato en las mujeres.

"La violencia crea más problemas sociales
que los que resuelve"
Martin Luther King

¿Qué acciones tomar cuando la víctima se encuentra en peligro?

En caso de que sospeche o sepa que alguien es víctima de violencia doméstica, a veces puede no tener ni idea de las mejores formas en que puede ayudarlo. En caso de que esté esperando las palabras de la víctima, esperamos que se está alejando de la oportunidad de cambiar una vida. La vida general de una víctima de violencia doméstica a veces puede ser aislada, solitaria e incluso llena de miedo. Por lo tanto, extender la mano y hacerles saber que está presente puede brindarles un gran alivio. Aquí, en este libro, vamos a saber qué puede hacer cuando la víctima está en peligro, y

---

[4] Womenslaw.org (2021) Abuso emocional y Psicológico. www.womenslaw.org. Recuperado de: https://www.womenslaw.org/es/sobre-el-maltrato/formas-especificas-de-maltrato/abuso-emocional-y-psicologico

discutiremos más sobre la orden de protección y todas las formas en que puede ayudar.

Maneras en las que se puede ayudar a una víctima de violencia doméstica:

- **Intente escuchar:** si es posible, intente encontrar un lugar y un momento adecuados que sea completamente seguro y confidencial para hablar con el amigo de su víctima. Siempre comience la conversación expresando preocupación y también permita que las víctimas hablen con todo su corazón. No olvide hacerles saber que cree en todo lo que le están diciendo.

- **Ofrezca apoyo:** informe siempre a la víctima que no está solo y dígale que nadie merece ser herido. Dígales que el abuso doméstico no es culpa suya y asegúreles que lo que sienten está completamente bien.

- **Intente proporcionar recursos:** intente alentar a la víctima a buscar recursos comunitarios. También intente conectarlos con grupos de apoyo, líneas directas de crisis, refugios para casos de violencia doméstica, servicios de salud mental y cualquier otra cosa que puedan necesitar.

- **Respete sus elecciones:** nunca presione a la víctima para que se vaya. Irse nunca es una solución sencilla. Hay varias razones por las que una persona permanece en una relación abusiva. En su lugar, trate de ofrecer a la víctima todo tipo de recursos y apoyo, en última instancia, es su decisión. Además, hágales saber que siempre está a su lado, sin importar la decisión que tomen en el futuro.

Mito

'El abuso es un asunto privado'.

Realidad

La verdad es que la violencia doméstica impacta más que solo a las víctimas y abusadores. Afecta a amigos, familias, vecinos y comunidades. La violencia doméstica puede ocurrirle a cualquiera, independientemente de su género o sexualidad, ¡no discrimina! Los abusadores usarán una serie de excusas para justificar sus acciones, incluyendo culpar al alcohol o las drogas por su comportamiento.

¿Qué es y como ayuda una orden de protección?

La orden de protección es un documento legal en el que un juez generalmente ordena a alguien que siga algunas condiciones estrictas de comportamiento[5]. En palabras simples, es una orden de juicio que dirige a una persona a todas las cosas que se pueden hacer o no se pueden hacer. Además, también otorga poder a la policía para realizar arrestos inmediatos en caso de que tengan motivos

---

[5] Womenslaw.org. (s/f) Ideas para su Seguridad. Womenslaw.org. Recuperado de: https://www.womenslaw.org/es/sobre-el-maltrato/ideas-para-su-seguridad

suficientes para creer que se han violado todas las condiciones judiciales.

La orden de protección se emite especialmente para brindar protección y mantener la paz hasta que se recopilen todos los hechos y se presente el caso ante el tribunal. En la mayoría de las partes de Estados Unidos, cada orden de protección tiene una fecha de vencimiento particular. Sin embargo, en determinadas circunstancias, estos pedidos pueden renovarse o incluso ampliarse.

La orden de protección no garantiza completamente su seguridad, pero hay varias formas diferentes en las que puede ayudar.

1. Por lo general, la policía toma sus llamadas mucho más en serio, especialmente si tiene una orden de protección.
2. Su pareja íntima podría ser arrestada en caso de que viole la orden.
3. La orden de protección puede ayudarlo a protegerse en su trabajo, especialmente si está siendo acosado o acosada.
4. En caso de que haya salido de su casa, la orden de protección le facilita mucho la ayuda de la policía para recuperar todas sus pertenencias personales.

Mito

'Si trato de decir, puedo arreglar la situación y las cosas mejorarán'.

Realidad

Quedarse puede o no mejorar su situación, pero nunca lo sabrá a menos que no tenga otra opción para quedarse. Incluso si cree que las cosas mejorarán, debe preguntarse si realmente vale la pena arriesgarse a que lo golpeen o lo maten.

"Estaba desconsolado, asustado, tenía mucha ansiedad, estaba preocupado, me sentía débil y no tenía idea de cómo iba a encontrar la fuerza. Pero solo cerré los ojos y di un salto a ciegas. Sabía que tenía que salir de allí."
Bob Casey Jr

Ejercicio

Este ejercicio te ayudar a entender más este mundo de la violencia doméstica y como puedes salir de ella y ayudar personas que han vivido momentos como estos.

¿Con que frecuencia presencias la violencia entre amigos y familia o en el trabajo?

_____

_____

¿Qué es ser la víctima en una relación violenta?

_____

_____

_____

¿Porque acontece la permanencia de la víctima en una relación abusiva?

_____

_____

_____

¿Cuáles son los rasgos de un abusador?

_____

_____

_____

¿Cuál es el origen y tipo de violencia?

_____

_____

_____

¿Cuándo se considera la violencia doméstica?

_____

_____

_____

¿Son los niños también víctimas de violencia doméstica?

_____

_____

_____

¿Qué acciones tomar cuando la víctima se encuentra en peligro?

_____

_____

_____

¿Qué es y cómo ayuda una orden de protección?

_____

_____

_____

TERCERA PARTE

Casos

"La violencia es el último recurso de los incompetentes."
Isaac Asimov

Violencia doméstica y discapacidad

Las personas que viven con discapacidades tienen más posibilidades de experimentar brutalidad que las personas que viven sin ningún tipo de discapacidad. Incluso las personas con discapacidad también se enfrentan a diversos problemas a la hora de obtener cualquier tipo de servicio. Informar a la gente sobre este problema sin duda puede prevenir más crueldad y también aumentará el nivel de seguridad para esas personas. Ahora, si no tienes ningún conocimiento concreto sobre violencia doméstica y discapacidad, estás en el lugar correcto.

Mito

'Los hombres nunca son víctimas'.

Realidad

Esto es falso. Los hombres son víctimas de la violencia de pareja íntima en la mayoría de los países, aunque las mujeres siguen siendo más propensas a ser víctimas que los hombres. Los hombres que han sufrido abusos a menudo experimentan problemas emocionales similares a los de las mujeres, como depresión y ansiedad. Ser abusado por una pareja romántica también hace que sea más probable que él mismo se convierta en un abusador. Para romper ese ciclo, es importante buscar atención médica y asesoramiento psicológico después de dejar una relación abusiva.

Datos sobre la violencia doméstica y la discapacidad

¿Sabías que hay un evento específico en el que las personas hacen campañas para aumentar la conciencia entre la gente en general sobre la violencia doméstica que están experimentando las personas con discapacidades? Sí, estamos hablando del Mes Nacional de Concientización sobre la Discapacidad y personas de todo el país observan este importante evento en el mes de marzo. Hay muchos más hechos que tienen una conexión inextricable con la violencia doméstica y la discapacidad.[7] Estos son los siguientes:

- Las personas con discapacidad experimentan fechorías graves o delitos violentos al doble de ritmo que las personas sin discapacidades o discapacidades.
- La policía está menos dispuesta a reaccionar ante aquellos casos en los que las víctimas tienen discapacidades.
- Cuando se trata de violencia doméstica, las personas reaccionan en un 90 % de los casos donde las víctimas no tienen ninguna incapacidad o discapacidad. Por otro lado, el porcentaje llega a 77 donde las víctimas tienen discapacidad.

Mito

'Una mujer puede dejar a su abusador en cualquier momento'.

Realidad

La realidad es que muchas mujeres dejan a sus abusadores en algún momento de sus vidas. Sin embargo, hay mujeres que se mantienen en una relación abusiva. Según un estudio, el 54 % será abusado nuevamente dentro de los 18 meses, y el 68 % volverá a ser abusado por su abusador durante ese período de tiempo. Necesitamos preguntarnos por qué es tan difícil para los sobrevivientes liberarse de las relaciones abusivas. Hay varios factores: el estigma en torno al abuso, las amenazas y la coerción de las parejas, los niños que necesitan

Resultados de la violencia doméstica para personas con discapacidades

Pues si hablamos de las cosas que viven las personas con discapacidad en el ámbito de la violencia doméstica, estas son las siguientes:

- Abuso psicológico y verbal
- Violencia física
- Contacto sexual no deseado
- Intimidación y negligencia
- Retención de medicamentos
- Negligencia
- Explotación financiera
- Aislamiento de las víctimas

Comprender la condición de las mujeres con discapacidad

Bueno, las personas con discapacidad experimentan violencia doméstica a un ritmo mucho mayor que las personas normales. Si hablamos de manera específica, las mujeres con discapacidad se enfrentan a diversos problemas a la hora de obtener servicios de apoyo. Las mujeres con discapacidad corren un riesgo mucho mayor de ser objeto de brutalidad por parte de su pareja íntima. Además, experimentan violencia doméstica más frecuentemente y de diversas maneras por más culpables. Hablando de los caminos de la seguridad, es muy poco para ellos. Además, las mujeres con discapacidad tienen poco acceso a apoyo e información de calidad.

Mito

'Las mujeres con discapacidad no son abusadas porque no pueden defenderse'.

Realidad

Las mujeres con discapacidad pueden ser tan fuertes como las mujeres sin discapacidad. La verdad es que las personas abusivas rara vez atacan a sus víctimas cuando están en óptimas condiciones. Después de todo, los abusadores no quieren que los atrapen, por lo que eligen sus momentos con cuidado. A menudo, un abusador manipulará o amenazará a su pareja hasta que se sienta acorralado, intimidado y temeroso de rechazar cualquier cosa que su pareja le pida.

Esto puede incluir cosas como sexo consentido, sexo que ocurre en momentos o de maneras que no son cómodas para ellos o comportamiento sexual que implica ser controlado físicamente durante el coito.

Comprender las diferentes formas de violencia

Es muy importante comprender las diferentes formas de violencia doméstica que experimentan las personas con discapacidad. Bueno, estos incluyen violencia sexual, psicológica y física. Este tipo de violencia puede ser ejercido por trabajadores de apoyo no remunerados o remunerados, familiares, parejas e incluso extraños. Si hablamos de un entorno institucional o residencial, el culpable podría ser otro miembro del personal o residente. Las personas con discapacidad que dependen del cuidado personal pueden enfrentarse a diferentes tipos de violencia doméstica. Incluye el abuso sexual y verbal, el abuso económico y el cuidado inadecuado[6].

Mito

'El abuso nunca puede terminar'.

---

[6] Espanol.thehotline.org. (s/f) Servicios para personas con discapacidad auditiva. www.espanol.thehotline.org.
Recuperado de: https://espanol.thehotline.org/ayuda/discapacidad-auditiva/

Realidad

El abusador siempre abusará. no puedes hacer nada para cambiarlos. Este es un mito que muchos abusadores le dirán a usted mismo, ya que tratan de crear dudas en su mente acerca de si alguna vez podrían cambiar o no. Lamentablemente, es un mito que muchos familiares, amigos e incluso profesionales de la salud también te repetirán si no están seguros de cómo ayudarte en una situación así.

"Golpear a una mujer no es algo cultural, es un crimen,
y debe ser dirigido y tratado como tal."
Hillary Clinton

Cómo ayudar

Hay maneras de prevenir esta violencia doméstica. Aquí hemos destacado algunos de ellos:

- Fomentar las líneas de atención y albergues locales para que puedan capacitar a su personal. Por lo tanto, los sobrevivientes con discapacidad recibirán el tratamiento adecuado.
- Educar al personal que trabaja bajo las agencias de servicios sociales.
- Animar a los profesionales sanitarios para que realicen un cuidado adecuado de los supervivientes con discapacidad.

Entonces, todo esto tiene que ver con la violencia doméstica y la discapacidad.

> *"Ahora me doy cuenta de que soy una sobreviviente.*
> *Soy una mujer más fuerte por abrir los ojos y alejarme de*
> *alguien que no se respetaba a sí mismo y que nunca me*
> *respetaría a mí."*
> Lori

El comportamiento agresivo en el hogar implica que, en un matrimonio o relación, la pareja utiliza el salvajismo mental o sexual y físico para supervisar a la otra persona. Pierden los estribos y sucede tal cosa. Ahora, esto se llama violencia doméstica y tiene un efecto duradero en los niños. Impide el crecimiento integral de un niño. Si no sabe cómo está relacionado con los niños, está en el lugar apropiado. Aquí, cubriremos las definiciones y conceptos de violencia doméstica en niños.

Mito

'La víctima siempre tiene la culpa'.

Realidad

El abuso nunca es culpa de la víctima, incluso si esa persona tiene una discapacidad. A diferencia de la mayoría de los casos de violencia doméstica, las víctimas con discapacidades pueden ser particularmente vulnerables al abuso debido a su condición, por lo que es aún más importante que puedan buscar ayuda cuando la necesitan. Pueden tener dificultades para escapar de una relación abusiva porque no pueden acceder o pagar el transporte o abogar por sí mismos. Además, las personas con discapacidad a menudo dependen de un cuidador, a veces conocido como asistente, para brindar atención física y asistencia en la vida diaria; los abusadores a veces usarán esa dependencia en su contra.

"Cuando trataron de callarme, grité."
Teresa Wilms

Violencia doméstica en niños

Bueno, el término "violencia doméstica" se utiliza principalmente para describir la ocurrencia de episodios de comportamiento amenazante y controlador. El maltrato y la brutalidad tienen una conexión inextricable con esto. Hablando de esos sucesos, pueden ser emocionales, sexuales, físicos e incluso monetarios. El matrimonio restringido y la violencia basada en el honor son algunas formas notables de violencia doméstica. En estos días, la violencia doméstica o el maltrato pueden ocurrir en las plataformas de redes sociales, Internet y teléfonos celulares.

Ahora, es muy importante comprender la conexión de la violencia doméstica con el crecimiento de los niños. En una familia, donde hay abuso y comportamiento agresivo, los jóvenes observan alrededor de tres cuartas partes de esos episodios. Los niños de una familia así han sido golpeados o golpeados gravemente. Aparte de esto, es probable que ocurran maltratos psicológicos y sexuales en estas familias.

Mito

'Los niños son inmunes a la violencia doméstica'.

Realidad

Los niños no son inmunes a ser testigos y experimentar violencia doméstica, pero los efectos son incluso de mayor alcance de lo que piensas. Los niños expuestos a la violencia en el hogar tienen muchas más probabilidades de experimentar negligencia, abuso y otros resultados negativos en sus propias vidas cuando crezcan. La buena noticia es que podemos ayudar a romper este ciclo a través de programas de concientización, educación, intervención y prevención.

Efectos en los niños

Los niños que viven en casas donde la violencia doméstica se ha convertido en algo frecuente comenzarán a sentirse inquietos y desafortunados con el paso del tiempo. Estarán reflexionando sobre cuándo sucederá a continuación un evento tan violento. Dependiendo de su edad, en realidad les hará responder de varias formas.

Niños en edad preescolar: los niños que presencian violencia doméstica ocasional o regularmente comenzarán a hacer cosas que solían hacer cuando eran más pequeños, como lloriquear, llorar más, chuparse el dedo y mojar la cama. También tendrán problemas para quedarse o conciliar el sueño. Aparte de estos, darán indicaciones de miedo, por ejemplo, polizón o tartamudeo.

Niños en edad escolar: desarrollar la autoestima de los niños en la etapa de la primera infancia es muy importante. El abuso y la violencia doméstica hacen exactamente lo contrario. Reduce su autoestima y, como resultado, se vuelven introvertidos. Siempre evitan participar en actividades escolares. Estos niños obtienen calificaciones bajas en el examen y, a menudo, se meten en problemas. Los dolores de estómago y de cabeza son algunos otros efectos secundarios.

Adolescentes: aquí nos referimos a la etapa de la adolescencia donde la atención y la orientación adecuadas son importantes. Si los niños son testigos de la violencia doméstica a esta edad, desarrollarán una mentalidad negativa y agresiva. Faltarán a la escuela y pelearán miembros. Pueden verse envueltos en varios eventos de riesgo, como consumir drogas o alcohol, tener relaciones sexuales sin protección y muchos más. Tienen una autoestima muy baja y, por lo tanto, el nivel de confianza sigue siendo bajo.

A partir de ahora, estamos hablando de efectos a corto plazo. Desafortunadamente, tiene efectos a largo plazo. Si los niños viven en una situación en la que la violencia doméstica es algo común, se convertirán en abusadores en el futuro. Además, también tendrán problemas de salud como enfermedades cardíacas, ansiedad, depresión, diabetes y muchas más.

> *"Al otro lado del teléfono de emergencias, no solo está el fin de los malos tratos.*
> *Está la vida que has dejado de vivir."*
> Anónimo

Casos en adolescentes

La violencia doméstica contra las mujeres, especialmente por parte de sus parejas íntimas, está recibiendo actualmente una mayor atención, especialmente debido a sus graves consecuencias para la salud y su carácter generalizado. Además, se asume que la prevalencia de la violencia infligida por la pareja íntima es más alta, especialmente entre las mujeres jóvenes y adolescentes. Esta afirmación se sustenta con la ayuda de evidencia de los Estados Unidos, donde la mayoría de los estudios sobre la violencia infligida por la pareja íntima se llevan a cabo entre adultos jóvenes y adolescentes. La edad adulta joven es sin duda una parte crucial de la vida, especialmente para establecer las bases generales de la vida y la salud futuras de la mujer. Además, el efecto de experimentar los traumas en este momento de la vida puede afectar negativamente el bienestar psicológico, físico y económico de los adultos jóvenes del futuro. En las siguientes páginas, vamos a discutir ampliamente el concepto de violencia doméstica en adolescentes.

Tipos de violencia doméstica entre adolescentes

La exposición a la violencia doméstica entre los adolescentes ocurre cuando un niño es testigo o es víctima de violencia en la escuela, el hogar o la comunidad. Independientemente del nivel socioeconómico, los jóvenes y los niños de cualquier tipo de comunidad pueden verse fácilmente afectados por la violencia. La violencia doméstica entre adolescentes incluye principalmente:

Abuso y violencia sexuales: el abuso sexual incluye principalmente involucrar a un menor en diferentes tipos de actividad sexual. También incluye la violación, las caricias y la exposición de un niño a otras actividades sexuales como la pornografía infantil.

Violencia doméstica y de pareja: la violencia sexual, física o emocional entre dos adultos en el hogar puede causar efectos adversos a los jóvenes.

Maltrato infantil: la definición de negligencia o abuso infantil varía completamente de un estado a otro. Sin embargo, de acuerdo con la Ley Federal de Prevención del Abuso Infantil, esta es la siguiente definición: cualquier falla reciente o acto especialmente por parte del cuidador o padre que resulte en la muerte, daño emocional o físico grave, explotación sexual o abuso, que presente un riesgo inminente de daño.

Violencia entre parejas adolescentes: la violencia entre parejas adolescentes se trata de controlar a otra persona, especialmente dentro de los límites generales de una relación. La violencia en el noviazgo también se puede considerar como un tipo de violencia en la pareja íntima. Ocurre principalmente entre dos personas en una relación cercana. La naturaleza de este tipo de violencia en el noviazgo adolescente puede ser física, sexual, emocional o de acecho.

¿Cómo comprender y actuar contra la violencia doméstica entre los adolescentes?

Incluso si un adolescente no está experimentando violencia de manera directa, la exposición al abuso doméstico puede fácilmente poner en riesgo a un adolescente. Un adulto joven puede participar en comportamientos de automedicación o de riesgo, especialmente para bloquear los malos recuerdos o incluso adormecer el dolor emocional. Además, tratar de mantenerse alejado de la casa también puede poner a los adultos jóvenes en situaciones inseguras.

Lo mejor que se les puede hacer es brindarles una relación positiva entre el adolescente y el adulto. Intente ser un oyente incondicional y abierto y también permítales buscar apoyo personal y profesional mientras hacen planes de seguridad. También puede intentar encontrar formas de crear oportunidades para construir una relación positiva y de confianza.

Mito

'Los adolescentes tienen más probabilidades de ser abusados por adultos que por sus compañeros'.

Realidad

Esto es incorrecto. Si bien la violencia doméstica entre un adolescente y un adulto no es común, el abuso de los adolescentes por parte de sus compañeros es mucho más frecuente. Las investigaciones muestran que una de cada cuatro adolescentes estará involucrada en algún tipo de relación física o emocional con un novio durante la escuela secundaria. Sin embargo, mientras que las niñas tienen más probabilidades de sufrir violencia física que los niños, los adolescentes varones tienen muchas más probabilidades que las niñas de verse involucrados en conductas violentas en la escuela. Los adolescentes tienen tendencia a cometer actos graves de violencia doméstica.

Apoyar a alguien que se ve afectado por el abuso doméstico puede resultar perturbador en ocasiones. Pero esto a veces puede salvar la vida de alguien.

"No son las contusiones en el cuerpo las que duelen. Son las heridas del corazón y las cicatrices en la mente."
Aisha Mirza

Situaciones de maltrato a adultos mayores

Vivimos en una era que el abuso o el maltrato de personas mayores se percibe como un problema importante y en continua expansión en nuestra sociedad. Trágicamente, no existe un marco detallado a nivel nacional y debido a las variedades en el significado de abuso de ancianos y su registro; es muy difícil averiguar el alcance de este problema. Según el Centro Nacional sobre el Abuso de Ancianos, por lo general hay siete tipos diferentes de maltrato de ancianos. Estos son el auto descuido, el abandono, la negligencia, la explotación material o financiera, el abuso emocional, el abuso sexual y el abuso físico.

Mito

'No puedes ser víctima y abusador a la vez'.

Realidad

Muchas personas ven la violencia doméstica como una calle de sentido único. Si bien es cierto que una pareja puede tener más poder en una relación, generalmente debido a la fuerza física o al tamaño mayor, el abuso puede ocurrir en ambos lados de la relación. La violencia doméstica no siempre se limita a las parejas; hermanos, padres, hijos, abuelos o incluso otros familiares también pueden experimentarlo en sus familias. La mayoría de las víctimas en realidad son abusadas por alguien que conocen bien, no solo por un extraño al azar que las amenaza en la vía pública o trata de cortejarlas con regalos y dinero.

Abuso de ancianos

Si está pensando que solo hay una razón explícita que conduce al abuso de personas mayores, está completamente equivocado. De hecho, hay muchos factores que tienen una estrecha asociación con este problema social. Los problemas individuales entre los cuidadores o en los residentes, las influencias familiares, culturales y sociales juegan un papel importante aquí. Los residentes, familiares y cuidadores deben buscar cualquier prueba de maltrato de personas mayores y posibles problemas que puedan haber provocado este tipo de maltrato. Reconocer las señales de advertencia del maltrato a personas mayores es muy importante para mantener a las personas mayores seguras tanto física como mentalmente. Para ayudarlo en este sentido, aquí destacaremos las situaciones que conducen al abuso de ancianos.

- **Falta de personal:** la falta de personal es una de las razones notables. La escasez de personal de enfermería se ha convertido en un tema muy controvertido. En los últimos tiempos, el número de casos relacionados con el maltrato a personas mayores está aumentando y es por eso este tema ha pasado a la consideración de los consumidores y los medios de comunicación. Muchas personas opinan que la falta de personal de enfermería es similar a una mala conducta. Ocurre cuando el gerente de la instalación quiere obtener más ganancias y, por lo tanto, gasta menos dinero en efectivo en los salarios de los cuidadores. Para maximizar sus ganancias, están creando una situación en la que se abusa de las personas mayores.

- **Desprecio por falta de personal:** bueno, esto tiene una conexión indisoluble con el punto anterior. Debido a un número inadecuado de personal de enfermería, las personas mayores están siendo desatendidas. Hay personas mayores que pueden tener problemas con el movimiento. Si se encuentran en tal situación, tendrán que lidiar con atrofia muscular, escaras, caídas y muchos más.

Consecuencias

Es posible que se sorprenda al saber que el maltrato de personas mayores puede provocar graves problemas físicos y mentales. Hablando de las consecuencias, puede causar deterioro cognitivo, mortalidad prematura, devastación financiera y muchos más. Para las personas mayores, los resultados se vuelven más peligrosos y la recuperación llevará más tiempo.

Prevención

Se ha intentado una amplia gama de estrategias para prevenir el maltrato a los ancianos. Desafortunadamente, no hay un resultado tan bueno. En ciertas naciones, el sector de la salud o el área de bienestar está desempeñando un papel muy impactante en el aumento de la preocupación pública sobre el abuso de personas mayores. En los países en desarrollo, la mayoría de las personas no tienen conocimientos concretos sobre el abuso de personas mayores y, por lo tanto, las campañas en las redes sociales y fuera de línea para educar a las personas sobre esto pueden ser formas efectivas de prevenir este abuso de personas mayores.

Entonces, todo esto se trata de las situaciones de maltrato a las personas mayores.

> *"Dejar atrás el pasado no es fácil,*
> *especialmente cuando han dañado tu autoestima,*
> *pero yo lo hice y ahora soy una persona totalmente distinta."*
> Reese Witherspoon

Consecuencias de la violencia doméstica en el área laboral

Viviendo en esta era moderna, las personas se enfrentan a diferentes tipos de violencia, incluida la que se vive en el entorno laboral. Cuando se trata de acoso y violencia, la gente piensa principalmente en la agresión física. Es posible que se sorprenda al saber que la crueldad y el acoso en el trabajo son un problema mucho más amplio. Se refiere a un acto en el que las personas son amenazadas, comprometidas, atacadas y maltratadas. Hablando de los ejemplos de violencia doméstica en el trabajo, estos incluyen asesinato, incendio provocado, violación, episodios relacionados con la ira, trauma psicológico, agresiones físicas, robo, empujones, sabotaje, vandalismo, daños a la propiedad, discusiones, bromas, abuso verbal, juramentos y rumores.

La gama de violencia doméstica en el trabajo es amplia.

Puede pasar de ataques desagradables a ataques reales[7]. Puede afectar la productividad y el rendimiento general de los empleados y, en consecuencia, crea una muy mala impresión entre los clientes y visitantes. En la actualidad, la demostración de brutalidad en el lugar de trabajo y otras lesiones es la tercera causa de lesiones ocupacionales en los Estados Unidos. Hablando del número de lesiones intencionales, es 761. Estas cifras indican claramente que la violencia doméstica en el trabajo es, sin duda, una de las principales preocupaciones de los empleados y empleadores a nivel nacional.

> *"A veces tienes que olvidar lo que sientes y recordar lo que mereces."*
> Frida Kahlo

Mito

'Aquellos que cometen violencia doméstica en el lugar de trabajo no tienen autocontrol'.

Realidad

Esto no es cierto. Una persona que abusa de otros compañeros de trabajo puede hacerlo por muchas razones. Él o ella lo hace para ganar control sobre otras personas. Las

---

[7] Scottie, A. (2020) Estos fueron los trabajos más mortales en EE. UU. el año pasado, según ñas Oficina de Estadísticas de Laborales. Recuperado de: https://cnnespanol.cnn.com/2020/12/25/estos-fueron-los-trabajos-mas-mortales-en-ee-uu-el-ano-pasado-segun-la-oficina-de-estadisticas-laborales/

investigaciones muestran que la mayoría de los agresores de violencia doméstica no tienen antecedentes de abuso infantil. Algunas personas piensan que su función es controlar a los demás en el lugar de trabajo. No es el tema del autocontrol; el problema está relacionado con la actitud del individuo.

¿Quiénes están en riesgo de violencia en el trabajo?

El número de denuncias sobre víctimas de violencia doméstica en el trabajo aumenta cada año. Numerosos sobrevivientes estadounidenses informan cada año. Trágicamente, muchos más casos no se denuncian.

La investigación ha revelado muchos factores que podrían aumentar el riesgo de violencia doméstica para los trabajadores en ciertos lugares de trabajo. Bueno, estos factores incluyen el intercambio de dinero o el intercambio de efectivo con el público en general, trabajando con personas impredecibles e inestables. Además de esto, trabajar en regiones apartadas también puede contribuir al potencial de brutalidad. Si trabajas en un sector donde se brinda atención y asistencia o si trabajas en un sector donde se sirve licor, es posible que tengas que lidiar con la <u>violencia laboral</u>. Además, los profesionales de la salud, los repartidores, los agentes de servicio al cliente y los trabajadores del servicio público se enfrentan a diario a la violencia doméstica en el trabajo.

¿Cómo se puede reducir?

En muchos entornos de trabajo, si identifica los elementos

peligrosos o los factores de riesgo, puede minimizarlos o prevenirlos tomando las precauciones adecuadas. Hablando de la mejor estrategia, bueno, la política de tolerancia cero o la estrategia de resistencia cero hacia la violencia doméstica en el trabajo puede ser muy efectiva. Es una de las mejores cosas que los patrones ofrecen a sus trabajadores. Desarrollar tal actitud en el lugar de trabajo será beneficioso tanto para los empleados como para los empleadores. Esta estrategia debe cubrir a todos los trabajadores especialistas, contratistas, visitantes, clientes y personas que puedan interactuar con el personal de la organización.

"Nunca se entra por la violencia dentro de un corazón."
Jean Baptiste Molière

¿Cómo podemos contribuir para combatir la violencia doméstica?

La violencia doméstica entre las mujeres puede considerarse la forma de violencia más común en todo el mundo. Casi 736 millones de mujeres han sufrido violencia física[8], especialmente por parte de sus parejas íntimas. En diferentes países en desarrollo, aproximadamente una de cada tres niñas se casa incluso antes de la edad legal para contraer matrimonio, lo que las coloca en un alto riesgo de abuso. Además, los informes sugieren que casi 125 millones de mujeres también han sido un tema clave hacia la mutilación

---

[8] News.un.org. (2021) Una de cada tres mujeres sufre violencia física o sexual desde que e muy joven. www.news.nu.org. Recuperado de: https://news.un.org/es/story/2021/03/1489292

genital e incluso el aborto selectivo por sexo ahora está reemplazando la negligencia como una herramienta clave de elección entre las familias que quieren niños y no niñas. La información contenida en este libro, has podido conocer ampliamente algunas de las formas en que podemos combatir la violencia.

Mito

'El abuso hacia las mujeres con discapacidad no es real'.

Realidad

Una pareja abusiva puede desdeñar las preocupaciones de una mujer discapacitada al decir que su discapacidad la hace poco creíble o al afirmar que está demasiado discapacitada para irse. Pero la violencia doméstica no se trata de cuán capaz eres; se trata de alguien que intenta controlar tu vida a través del abuso físico, emocional, financiero o sexual.

¿Es posible prevenir realmente la violencia doméstica?

Promover comunidades y relaciones buenas, saludables, respetuosas y no violentas en realidad puede ayudar a reducir la incidencia general de violencia de pareja íntima. También puede mejorar e incluso prevenir todos los efectos nocivos y duraderos de la violencia doméstica en las familias, las personas y las comunidades. Aquí hemos enumerado algunas formas básicas de prevenir la violencia doméstica.

- **Conocer las señales:** la violencia doméstica puede sucederle a cualquier persona independientemente de que sea negra, blanca, anciana, rica, pobre, educada, etc. Antes de que la violencia doméstica comience, esperamos que hay algunas señales de advertencia. Esté siempre alerta a todas las señales de alerta que exhibe un abusador en cualquier momento de una relación.
- **Nunca ignore:** en caso de que encuentre a sus vecinos involucrados en una situación violenta, nunca muestre resistencia al llamar a la policía. A veces puede salvar una vida.
- **Preste atención:** en caso de que alguien le confíe que sufre violencia doméstica, intente escucharlo sin juzgarlo. Cree siempre en lo que dicen y pregúnteles cómo puede ayudar.

"La igualdad es una necesidad vital del alma humana. La misma cantidad de respeto y de atención se debe a todo ser humano, porque el respeto no tiene grados."
Simone Weil

Entender la violencia doméstica como un problema social clave

La violencia doméstica es, sin duda, un gran problema social que en la actualidad se está abordando en una amplia variedad de formas. Destacar en un grupo social diferente puede afectar y generar un impacto en la sociedad y las personas.

Actualmente, con la ayuda de los medios de comunicación, los grupos de campaña y los políticos, la violencia doméstica se ha ido reconociendo poco a poco como un problema social importante. Especialmente al etiquetar a las personas en los medios de comunicación, podemos ver predominantemente la violencia doméstica como un acto llevado a cabo contra las mujeres por los hombres de nuestra sociedad. Además, los medios de comunicación también son conocidos por crear un pánico moral, especialmente entre las mujeres, que conduce a un estado de miedo y nos hace pensar que las mujeres, en general, son predominantemente las víctimas. Sin embargo, en determinadas circunstancias, también es importante comprender que tal violencia puede sucederle a cualquiera. Por lo tanto, necesitamos comprender bien el origen real de este tipo de problema social y también mirar la construcción social histórica del género.

En varios casos muchos de los que están atrapados en una relación abusiva pueden sentir que no hay forma de superar o escapar de tal situación. Sin embargo, en tales casos, es toda nuestra responsabilidad apoyar a las víctimas de violencia doméstica, especialmente en la búsqueda de la justicia pública. Cada individuo en este planeta se crea teniendo en cuenta la imagen de Dios todopoderoso y todos merecen ser protegidos y amados, especialmente aquellos que previamente han sufrido violencia doméstica o abuso.

"Si vamos a luchar contra la discriminación y la injusticia contra las mujeres, debemos comenzar desde el hogar, ya que si una mujer no puede estar segura en su propia casa, no se puede esperar que se sienta segura en ningún lado."
Aysha Taryam

Ejercicio

Empieza a pensar en tu vida y pregúntate: ¿Estás viviendo con provecho tu existencia como una persona de éxito? Este ejercicio tiene el propósito de ayudarte a reflexionar y te llevar a un cambio de la vida. ¿Estas preparada para hacer el cambio?

¿Cuáles son las formas de la violencia domestica? ¿Cómo ayudar?

_____

_____

_____

¿Cómo ayudar una mujer que tiene condición con discapacidad debido la violencia domestica?

_____

_____

_____

¿Cuáles son los tipos de violencia doméstica en los niños y adolescentes?

_____

_____

_____

¿Cómo podemos ayudar y actuar contra la violencia doméstica entre los niños y adolescente?

_____

_____

_____

Escribe una descripción completa de la versión de una víctima de violencia que conozcas.

_____

_____

_____

_____

_____

_____

_____

_____

_____

_____

En una conversación, ¿puedes notar fácilmente la diferencia entre lo que dice y o lo que siente una persona víctima de violencia doméstica?

_____

_____

_____

¿Como podemos contribuir para combatir la violencia en anciano?

_____

_____

_____

¿Te parece que los demás están interesados y atentos cuando les hablas sobre violencia domestica?

_____

_____

_____

¿Eres consciente del efecto que causa la violencia doméstica en una vida?

_____

_____

_____

¿La violencia es como un fenómeno social actual?

_____

_____

_____

¿Quién esta salvo de los maltratos?

_____

_____

_____

"El miedo de la mujer a la violencia del hombre es el espejo del miedo del hombre a la mujer sin miedo."
Eduardo Galeano

HISTORIAS REALES DE SOBREVIVENCIA

"El hombre nació en la barbarie, cuando matar a su semejante era una condición normal de la existencia. Se le otorgó una conciencia. Y ahora ha llegado el día en que la violencia hacia otro ser humano debe volverse tan aborrecido como comer la carne de otro".
Martin Luther King

Historia de sobrevivencia de Sandra

Mi nombre es Sandra, nací en Honduras C.A., crecí siendo testigo de violencia doméstica en cualquier dirección que vi, en mi familia, vecinos y extraños, no sabía que sería una víctima más adelante en la vida. Cuando tenía 17 años tuve la primera experiencia horrible de ser abusada sexualmente por un hombre de 25 años, no le dije a nadie, como hacen muchas mujeres, fue demasiado vergonzoso, también me sentí culpable, inútil.

Dos años después mis heridas se curaron un poco, así que comencé a salir con el hombre con el que me casé, él fue la primera persona a la que le conté lo que me había pasado, dijo que estaba bien, me quedé embarazada, nos casamos, después de tener mi primera hija, fue entonces cuando comenzó la peor pesadilla, no dejaba de decir todo el tiempo que podría haber tenido muchos hombres antes que él porque no era virgen, se puso muy celoso, pensó que siempre lo estaba engañando, destrozó mi ropa pensó que eran demasiado sexys para usar, me acompañó al trabajo y, a veces, se quedó cerca de mi trabajo, ni siquiera quería trabajar para seguir mirándome, me cortó la ropa interior con cuchillos para violarme y trató de matarme muchas veces.

Una noche casi me mata, me acostó en la cama, apretó mis brazos con sus rodillas y me tapó la boca y la nariz con las manos, no pude

72

respirar por unos minutos, casi me muero esa noche, no sé qué pasó pero él movió sus manos, así que le dije que lo amaba y tenía que hacerle el amor, necesitaba ser convincente, funciono.

Al día siguiente, fui a trabajar y le pedí a unos amigos y a mi hermana, que trabajaban en el mismo lugar, que me ayudaran a mudarme ese día, todos fuimos a mi casa, empacamos y nos mudamos a un lugar que estaba en alquiler, la propietaria era la madre de mi amigo, así que accedió a alquilarme el mismo día.

Le dejé una carta a mi exmarido diciéndole que nuestras hijas eran lo más importante para mí y que la noche anterior pensé que las iba a dejar huérfanas y no quería que crecieran sin padres, porque si nos quedábamos juntos uno de los dos se iba a morir y el otro iba a ir a la cárcel, entonces era mejor separarse y divorciarse, él volvió con sus padres y siguió haciéndome la vida imposible tratando de quitarme a mis hijas.

Solicité el divorcio con prueba de violencia doméstica, el proceso de divorcio finalmente terminó después de unos cinco años atada a esa persona malvada, obtuve la custodia de mis hijas.

Quedé muy dañada después de eso, no confiaba en nadie, me puse muy a la defensiva, deprimida y paranoica hasta que conocí a mi Señor y Salvador Jesucristo, él curó todas mis heridas en lo profundo de mi corazón y alma, incluso pude perdonar a mi exesposo.

Fue el 10/09/11, hace exactamente 10 años, que conocí a la persona más maravillosa que se convirtió en el esposo que siempre quise, por quien oré durante años, esperé más de 20 años para que la persona adecuada viniera a mí. Ahora soy una mujer felizmente casada, mis 2 hijas ahora son esposas y madres. Soy feliz, esposa, madre y abuela de 4 hermosas niñas.

Sin la ayuda de Jesús, probablemente sería una persona amargada y enojada. Agradezco a todos los grupos de apoyo que me ayudaron a superar las pesadillas del pasado.

Historia de sobrevivencia de Claudia

Puñetazos, golpes... estaba arrepentida, en nuestra vida de casados nunca pronunció las palabras lo siento y perdón.

Hola, soy Claudia, yo pensaba que cuando una mujer se casaba era para siempre, aunque las cosas fueran fatales, aunque la maltrataran.

Conocí a Pedro cuando apenas tenía 17 años. Me enamoré locamente de él. Era bello, estaba tan seguro de sí mismo, me trataba como una flor ... Era todo lo que había soñado. Estuvimos 3 años de novios y luego nos casamos. El primer año fue maravilloso. Pero cuando me quedé embarazada, las cosas cambiaron.

Tuve un embarazo horroroso, con muchos mareos, náuseas y dolores. Estaba fatal y no me daba tiempo de hacerlo todo: limpiar, planchar, cocinar... Pedro parecía alejarse cada día más de mí, ya no me trataba como una flor. Para él me convertí en una espina.

Me despertaba con un portazo y después me costaba mucho conciliar el sueño. Si le decía algo o le pedía que no saliera tanto, se ponía hecho una furia. Me gritaba y me decía que, al fin y al cabo, trabajaba mucho y traía dinero a casa. Llegó un momento en que ya no le decía nada para no acabar peleando. De todas formas, siempre estábamos peleados por una cosa u otra, eran peleas por cosas simples.

Él decía que le desatendía, que no le cuidaba como antes, que era exagerada y que todas las mujeres del mundo se quedaban embarazadas y no pasaba nada.

Estaba convencida de que aquello era transitorio y pasaría, yo soñaba que el matrimonio regresaría una luna miel. Seguía queriendo a aquel Pedro tierno del que me había enamorado y estaba segura de que, en cuanto las cosas se calmaran, volvería a ser el de siempre. Por eso, no quería discutir y hacía lo que me decía evitando las peleas.

Cuando tuve a mi hija, dejó de importarme todo lo demás. Al sostener su cuerpecito entre mis brazos, supe que aquello era lo más bonito que me podía pasar en la vida. Pedro continuó decepcionado, era una decepción un poco porque esperaba un niño, pero enseguida se le pasó.

Pedro tenía celos de la niña. Sentía que ya no estaba tan pendiente de él. Yo intentaba cuidarle, pero un bebé necesita mucha atención y a veces no tenía suficientes manos para llegar a todas partes.

Entonces, en plena discusión me cruzó la cara con dos bofetadas. Yo me quedé sin poder articular palabra. Creo que él también estaba sorprendido de su reacción.

Aquella noche volvió a casa temprano. Me dijo que tenía que ocuparme más de él. Que me quería muchísimo y por eso no soportaba pensar que yo no sintiera lo mismo hacia él.

Al día siguiente, me regaló un carro del año. Pensé que me quería de verdad y había tenido una reacción violenta. Sé que ahora esto está muy mal visto, pero en mi época era el pan de cada día. Mi padre no pegó nunca a mi madre, pero había casos en mi familia: mis tíos, una tía... Entonces, este tipo de cosas se pasa y se perdonaban. Y yo lo hice. Ahora sé que me equivoqué.

La tercera bofetada me cayó cuatro semanas después. No recuerdo el tema de la discusión. Pedro se abalanzó sobre mí dándome cuatro bofetones que me tiraron al suelo. Me levanté y volvió a pegarme.

Aquella noche me encerré en el dormitorio de la niña. Me daba miedo, temía que pudiera hacerme más daño. Me había roto el labio y tenía un chichón en la cabeza. Mis ojos estaban morados. Él aporreó la puerta de la habitación de la niña, pero yo no me atreví a abrir. Finalmente, se cansó y se fue a dormir.

Recuerdo que me senté sin poder parar de llorar. En la habitación no existía una cama, entonces me acosté en el piso cerca de la cuna del bebé. Me estiré en el suelo, pero apenas dormí con fuertes dolores en mi cuerpo. Tenía demasiado miedo y demasiada tristeza.

Al día siguiente, mientras mi marido dormía, le dejé el almuerzo preparado y me fui con la niña al parque. Aquel día se presentó en la noche, con un gran ramo de flores. Se mostraba arrepentido, pero en toda nuestra vida de casados nunca pronunció las palabras lo siento o perdón.

A partir de ese momento, todo empezó a ir a peor. Pedro bebía mucho en el bar con sus amigos y empezó a usar drogas.

La última vez fue la peor. Llevábamos tiempo sin discutir y de repente volvió a casa borracho diciendo que yo le había engañado. Me partió una botella en la cabeza y me dio golpes por todas partes. Acabé en el hospital y mi hija se enteró. Porque ya tenía pasado 20 años mi relación con Pedro.

Aquel día estalló y me decidí a dejar a Pedro porque fue demasiado y sentí que mi vida estaba en peligro. Mi hija se puso a llorar y me pidió que me fuera a vivir con ella y su marido. Las cosas le iban bien, tenía una habitación de sobra en la casa que vivía y no quería que siguiera pasado por más sufrimiento.

Le hice caso y fui a vivir con ella. Pero me daba cuenta de que molestaba, de que mi hija, aunque no me lo dijera, tenía su vida y yo era un estorbo.

Pedro, en aquella época, me envió mensajes de amor, diciéndome que no podía vivir sin mí. Entonces enfermó. Le diagnosticaron con un cáncer en el hígado y yo sentía tanta pena que volví con él y lo cuidé hasta el final de sus días.

Mi vida fue un infierno y de que no tendría que haber aguantado todo aquello. Pero fue demasiado tarde porque la vida es bella y puede ser vivida. He perdido mi vida por no tener el valor necesario para abandonar a mi marido. Perdí años de mi vida. Mas la vida me dio la oportunidad de conocer un hombre de verdad a los 55 años, yo pensaba que no existía felicidad. Mas ahora vivo la mejor etapa de mi vida.

Historia de sobrevivencia de Patricia

Mi exmarido era un maldito perro. Yo era su bolsa de papas que recibía puñetazos y golpes.

He sido acosada por mí exmarido Rodrigo cada vez que este se enteraba de que podía tener la posibilidad de rehacer mi vida y salí de esta vida de sufrimiento, maltrato y dolor.

Después de que mi ex me abandonara por otra mujer, sin que le importara un pimiento el daño que me hacía, la vida me brindó oportunidades más para ser feliz. Sin embargo, solo con mi actual pareja, he logrado superar las barreras que mi ex me puso. Es probable que muchas mujeres crean que a los 40 años ya no se encuentra un amor sino un compañero con quien compartir la vida, pero en mi caso no ha sido así.

Yo me sentía muy culpable e intentaba evitarle, pero hiciera lo que hiciera terminaba golpeándome, agrediéndome e insultándome.

Tengo el tabique de la nariz roto y no me dejó ir al hospital. Tuve que dar a luz a mi hija en casa porque no me dejó ir al maternal a dar a luz. Cuando tuve a mi hija, su madre nos dejó un piso que tenía y nos pasaba una ayuda de $120. Él no trabajaba y tampoco me dejaba hacerlo a mí. Vivíamos con esa ayuda, en otras palabras, malvivíamos. Era una vida miserable. Pedía comida al food stamp.

Yo no tenía el valor ni el coraje de denunciarle porque no se separaba de mí ni un minuto y los vecinos, aunque oían los gritos y los golpes, tampoco se atrevían a decirme nada. Al poco tiempo me volví a quedar embarazada.

Durante algún tiempo creí que con el nacimiento de nuestros hijos la relación mejoraría, pero fue muchísimo peor. Decidí abandonarlo cuando tenía cuatro hijos y un día amenazó con cortarle las piernas a mi hija pequeña.

Ese día él había salido y volvió borracho. Intenté meterle en la cama, pero se dio un golpe y cayó al suelo. Se levantó como pudo y comenzó a tirar todo a su paso. La niña pequeña se asustó y comenzó a llorar. La cogí y bajé corriendo al piso de abajo, donde mi vecina me abrió la puerta al llamarle desesperadamente para que me ayudara.

Ella llamó a la Policía, los niños menores estaban con su padre en otro cuarto de arriba. Cuando llegó la policía, entraron y le encontraron enloquecido tirando todos los muebles y cosas por los suelos y rompiendo vasos, platos, todo a su paso... A él se lo llevaron a la comisaría y a mí a denunciarle. De allí pasé a una casa de acogida donde sentí bastante miedo, pensando que volvería en cualquier momento para matarme a mí y a mis hijos.

Cuando tuve que declarar, el juez me dijo que no podía dictar orden de alejamiento porque él no la iba a cumplir, y me aconsejó que fuera yo quien se alejara de mi hogar y de mi barrio o Estado. A la semana me acogieron en otra casa de acogida de otro pueblo cercano al mío. Ya han pasado varios años y todavía estoy esperando la separación. Y presiento que, si me encuentra, me matará. Jamás quiero encontrar este hombre otra vez en mi vida. Él es un animal violento.

Historia de sobrevivencia de Marta

Con demasiada frecuencia, las mujeres no se deciden a marcharse hasta que no ven su vida y la de sus hijos en verdadero peligro. Marta llega a la iglesia de acogida después de que su marido se pasara todo un fin de semana cavando una fosa en el jardín de su casa.

Estaba haciendo una fosa para enterrarla...

Cuando ella se dio cuenta de que el hoyo era lo bastante grande como para que cupiese ella, huyó. Ella confiesa que una semana más tarde se preguntaba si no habría exagerado las amenazas y si hubiese hecho bien en marcharse de su casa. Ella se pregunta siempre si estaría viva de no haber saldo de su casa. "No pensé mucho antes de dejar este hombre malvado, porque si no, no estaría viva para contar la historia de mi vida. Es difícil de creer, nos casamos con animales salvajes y no con hombres de paz. No esperes mujer, hoy puedo contar mi historia. Se fuerte y busca ayuda".

Historia de sobrevivencia de Jessica

Él la utilizaba como diana humana...

A Jessica su marido la ató para utilizarla como diana humana y comenzó a lanzarle cuchillos bien afilados. Después la desataba para curarle las heridas, en una de las tantas veces que mantenía ese juego tan malévolo, ella aprovechó un descuido de su marido y logró escapar. Cogió un taxi y huyó de la casa para ir a un hospital para que le cuidaran las heridas que le había provocado su marido Rogerio.

Del hospital pasó a una iglesia y después a una casa de acogida, pero su marido la encontró y el director del centro se asustó y la mandó al otro centro de otra localidad. "Hoy tengo trabajo, camino asustada en otro país como miedo que me encuentre y me mate. Vivir así es terrible, siempre estoy atenta a las personas, pienso que en cualquier momento puede encontrarme, vivo una pesadilla. Deseo tener una vida en paz y sentirme segura. No consigo tener relaciones porque no consigo liberarme del miedo y el trauma que pase en este matrimonio de terror".

Historia de sobrevivencia de Roberta

Su compañero la viola y la golpea hasta casi matarla...

Roberta cometió el error de decirle a su pareja que iba a abandonarlo. Entonces él comenzó la violarla y a darle tal paliza que ella pierde el conocimiento. La paliza fue tan violenta que él se rompió los pies al hacerlo.

Al recobrar el conocimiento, ella le pidió que llamara a un médico porque se sentía muy mal a lo que le respondió que a esa hora no había médico que valga. Roberta pasó toda la noche en un puro sufrimiento hasta que a la mañana siguiente su pareja se fue al trabajo, en cuanto él salió por la puerta, ella llamó a urgencias del hospital cercano.

La vinieron a buscar en una ambulancia y la llevaron al hospital, donde tuvieron que extirparle el bazo. En la actualidad Edgar cumple una condena de 15 años de cárcel. No esperes más por el cambio, tu vida vale mucho.

Conclusión

El abuso doméstico es sin duda uno de los tipos de abuso más horrendos que sufren las mujeres de nuestra sociedad. Varios informes y estadísticas muestran que casi el ochenta y cinco por ciento de las víctimas de violencia doméstica son mujeres y solo el quince por ciento restantes son hombres. La violencia doméstica puede sucederle a cualquiera y a todos, independientemente de su raza, religión, credo, casta o incluso a quienes están en la sociedad de la víctima. Si el problema del abuso doméstico no se trata de manera adecuada, entonces este tipo de abuso podría seguir expandiéndose entre todas las clases de la sociedad sin un final adecuado.

Estadísticas sobre violencia doméstica:

En todo el mundo, se observa que una mujer de cada tres ha sido obligada a tener relaciones sexuales, golpeada o incluso abusada en su vida. Además, a menudo se ve que la mayoría de los abusadores pertenecen a sus propias familias.

Se estima que el abuso físico ocurre entre cuatro y seis millones de relaciones íntimas cada año solo en los Estados Unidos.

También se estima que aproximadamente de dos a cuatro millones de mujeres estadounidenses experimentan pareja física por parte de su pareja íntima durante la edad adulta.

Otro informe sugiere que doce millones de mujeres, es decir, el veinticinco por ciento de la población femenina de EE. UU. Podrían sufrir abusos al menos una vez en la vida. Una vez más, el treinta y cinco por ciento de las mujeres y el veintidós por ciento de los hombres que se presentan al Departamento de Emergencias de los Estados Unidos han sufrido abuso doméstico.

Tendencias y prevalencia

Aunque en realidad no sabemos con qué frecuencia ocurre este tipo de abuso, varios informes y tendencias ayudan a identificar diferentes tendencias interesantes. Las tasas generales de abuso doméstico suelen variar en varios aspectos, que incluyen género, raza, ubicación geográfica, nivel educativo y económico.

1. **Tendencias de edad:** se ve que la violencia doméstica es más prominente entre las mujeres entre las edades de dieciséis y veinticuatro años.

2. **Tendencias étnicas y raciales:** se ve que la mayoría de los hombres y mujeres negros son los más afectados por las tasas más altas de abuso doméstico. Los hombres negros experimentan abuso doméstico a una tasa de aproximadamente un sesenta y dos por ciento más alta que la de los hombres blancos y veintidós veces más alta que la de los hombres de otras razas. De manera similar, las mujeres negras experimentan

violencia doméstica a una tasa de treinta y cinco por ciento más alta que la de sus contrapartes blancas y alrededor de treinta veces la tasa general de mujeres de otras razas diferentes.

3. **Tendencias maritales:** tanto para mujeres como para hombres, las personas separadas o divorciadas suelen estar sometidas a las tasas más altas de violencia de género, seguidas por las personas no casadas.

4. **Tendencias económicas:** las mujeres que pertenecen a la parte más pobre de la sociedad sufren mayoritariamente más abuso doméstico en comparación con las mujeres económicamente más fuertes.

5. **Tendencias de género:** se ve que las mujeres constituyen casi la quinta parte de las víctimas de homicidio por parte de una pareja íntima. Además, también debe tenerse en cuenta que el ochenta y cinco por ciento de las mujeres también son víctimas de violencia doméstica no letal. En general, las mujeres son víctimas de la violencia de la pareja íntima a una tasa cinco veces superior a la de sus homólogos masculinos.

El efecto general del abuso doméstico en los Estados Unidos es enorme y, para ser verdad, es imposible de medir. Acreditamos que el alma de una persona no tiene precio y un espíritu quebrantado cuesta mucho más de lo que se puede medir.

"El abuso es la expresión más débil de la fuerza. Es una debilidad destruir lo que debes proteger, construir y mejorar."
Kingsley Opuwari Manuel

Referencias Bibliográficas

Español

Arrubarrena, M.I. y De Paúl. (1994) *Maltrato a los niños en la infancia.* Madrid. Editorial Pirámide.

Barudy, J. (2000) *El dolor invisible de la infancia. Una lectura ecosistémica del maltrato infantil.* Barcelona. Editorial Paidós.

Cobo Plana, J.A. (1998) Manual de actuación sanitaria, policial, legal y social frente a la violencia doméstica. Guión de actuación y formularios. Ed. Masson. Barcelona 1998.

Lorente Acosta, Dutton, D.G. y Golant, S.K. El golpeador: perfil psicológico. Ed. Paidós 1997.

Echeburua, E., Corral, P., Zubizarreta, B. Sarasua, B. (1995) *Trastorno de estrés postraumática crónico en víctimas de agresiones sexuales.* Fundación Paideia. A Coruña 1995.

Gil, E. (2019) Tratamiento sistémico de la familia que abusa. Editorial Graníca 2019.

J. Urra Portillo y Blanca Vázquez Mezquita. (1996) *Manual de psicología forense.* Editorial Aguilar. Guías Prácticas 1996.

Yugueros García A J. (2014) *La Violencia contra las mujeres: Conceptos y causas.* Revista Castellano-Manchega de C.S. 2014; (18): 147-159.

Kernberg, O. (1997) *La agresión en las perversiones y en los desórdenes de la personalidad.* Ed. Paidós 1997.

Torres, P. y Espada, F.J. (1996) *La violencia en casa.* Ed. Aguilar Madrid. 1996

M., Lorente Acosta, J.A. (1998) *Agresión a la mujer: Maltrato, violación y acoso.* Ed. Comares 1998.

Martínez, R., y Ochotorena, J. Paul (2000). *Maltrato y abandono en la infancia.* Barcelona. Editorial Martínez Roca. Serie Salud 2000–1993.

Noriega, A, M. Pérez del Campo (1995) *Una cuestión incomprendida: El maltrato a la mujer.* Editorial Horas y Horas 1995.

Perrone, R., y Nannini M. (2019) *Violencia y abusos sexuales en la familia. Un abordaje sistémico y comunitario.* Edito- rial Paidós 2019.

Velázquez, S. (1996) *Extraños en la noche, en género, psicoanálisis, subjetividad.* Ed. Paidós 1996.

Web

Bosch-Fiol E, Ferrer-Pérez VA. *Nuevo mapa de los mitos sobre la violencia de género en el siglo XXI.* Psicothema. 2012; 24 (4): 548-554. [Consultado el 11.04.2019]. Disponible en http://www.onioviedo.es/reunido/indez.php/pst/article/view/9702/944

Bosch E, Ferrer VA, Alzamora A, Navarro C. *Itinerarios hacia la libertad: la recuperación integral de las víctimas de la violencia de género.* Psicología y salud [internet] 2005 [citado 2014] 15 (1): 97-105 [consultado el 30.03.2019]. Disponible en: http://revistas.uv.mx/index.php/psicysalud/article/view/823/1495

De la Peña Palacios EN, Ramos Matos E, Luzón Encabo JM, Recio Saboya P. (2011) Proyecto de Investigación sobre sexismo y violencia de género en la juventud andaluza. Andalucía detecta. Sexismo y violencia de género en la juventud. Instituto Andaluz de la Mujer. 2011.

[consultado el 23.04.2019]. Disponible en: http://www.uca.es/recursos/doc/unidad_igualdad/47737 780_1122011112236.pdf

González Holgado MM. (2019) *Jóvenes y violencia de género, otra forma de control con Whatsapp.* IV Congreso anual para el estudio de la violencia contra las mujeres. El impacto de las TICS en la violencia contra las mujeres. Junta de Andalucía. 25-26 Sep 2013 [Consultado el 03-07-2019]. Disponible en http://www.congresoestudioviolencia.com/2013/articulo 11.php

Marroquí M. Cervera P. (2014) *Interiorización de los falsos mitos del amor romántico en jóvenes.* Reidocrea [internet] 2014; 3 (20): 142-146. [Consultado el 23.04.2019]. Disponible en: http://www.digibug.ugr.es/bitstream/10481/32269/ reidocrea-4013-arr20-marroqui-cervera.pdf

Ruiz Doblada 5A. (2016) *Violencia de género "Sobre las mujeres jóvenes en España".* Universidad Internacional de la Rioja. 2015. [Consultado el 23.04.2016]. Disponible en: https://reunir.unir.net/bitstream/handle/123456789/308 8/estelaaza-%20hara_ruiz_doblada.pdf

Observatorio de Igualdad de Género. (s/f) Femicidio. oig.cepal.org. Recuperado de: https://oig.cepal.org/es/indicadores/feminicidio

Inglés

Black, M. C., Basile, K. C., Breiding, M. J., Smith, S.G., Walters, M. L., Merrick, M. T., Stevens, M. R. (2011). The National Intimate Partner and Sexual Violence Survey (NISVS): 2010 summary report. Retrieved from the Centers for Disease Control and Prevention,

National Center for Injury Prevention and Control: https://www.cdc.gov/ViolencePrevention/pdf/NISVS_R eport2010-a.pdf

Cullen, F., Fisher, B., & Turner, M., (2000) *The sexual victimization of college women* (NCJ 182369). (2000). Retrieved from the U.S. Department of Justice, Office of Justice Programs, National Institute of Justice: https://www.ojp.gov/pdffiles1/nij/182369.pdf

Duhart, D. (2001). *Violence in the Workplace*, 1993-99. Bureau of Justice Statistics. Available at https://bjs.ojp.gov/content/pub/pdf/vw99.pdf

Finkelhor, D., Hotaling, G., Lewis, I. A., & Smith, C. (1990). *Sexual abuse in a national survey of adult men and women: Prevalence, characteristics and risk factors. Child Abuse & Neglect* 14, 19-28. doi:10.1016/0145-2134(90)90077-7

Gross, A. M., Winslett, A., Roberts, M., & Gohm, C. L. (2006). *An Examination of Sexual Violence Against College Women. Violence Against Women*, 12, 288-300. doi: 10.1177/1077801205277358

Hanson, R. F., Resnick, H. S., Saunders, B. E., Kilpatrick, D. G., & Best, C. (1999). *Factors related to the reporting of childhood rape. Child Abuse and Neglect*, 23(6), 559–569.

Heenan, M., & Murray, S. (2006). *Study of reported rapes in Victoria* 2000-2003: Summary research report. Retrieved from the State of Victoria (Australia), Department of Human Services: http://mams.rmit.edu.au/igzd08ddxtpwz.pdf

Lisak, D., Gardinier, L., Nicksa, S. C., & Cote, A. M. (2010). *False allegations of sexual assault: An analysis of ten years of reported cases. Violence Against Women*, 16, 1318-1334. doi:10.1177/1077801210387747

Lonsway, K. A., Archambault, J., & Lisak, D. (2009). *False reports: Moving beyond the issue to successfully investigate and prosecute non-stranger sexual assault.* Retrieved from: https://www.nsvrc.org/publications/articles/false-reports-moving-beyond-issue-successfully-investigate-and-prosecute-non-s

Miller, T. R., Cohen, M. A., & Wiersema, B. (1996). *Victim costs and consequences: A new look* (NCJ 155282). Retrieved from the U.S. Department of Justice, Office of Justice Programs, National Institute of Justice: https://www.ojp.gov/pdffiles/victcost.pdf

National Coalition to Prevent Child Sexual Abuse and Exploitation. (2012). *National Plan to Prevent the Sexual Abuse and Exploitation of Children.* Retrieved from http://www.preventtogether.org/Resources/Documents/NationalPlan2012FINAL.pdf

National Sexual Violence Resource Center. (2011). *Child sexual abuse prevention: Overview.* Retrieved from https://www.nsvrc.org/publications/child-sexual-abuse-prevention-overview

Rennison, C. M. (2002). *Rape and sexual assault: Reporting to police and medical attention*, 1992-2000 [NCJ 194530]. Retrieved from the U.S. Department of Justice, Office of Justice Programs, Bureau of Justice Statistics: https://bjs.ojp.gov/content/pub/pdf/rsarp00.pdf

Peterson, C., DeGue, S., Florence, C., & Lokey, C. N. (2017). *Lifetime economic burden of rape among U.S. adults.* American Journal of Preventive Medicine, Advanced online publication. doi:10.1016/j. amepre.2016.11.014

Smith, S. G., Chen, J., Basile, K. C., Gilbert, L. K., Merrick, M. T., Patel, N., ... Jain, A. (2017). *The National Intimate Partner and Sexual Violence* Survey (NISVS):

2010-2012 state report. Retrieved from the Centers for
Disease Control and Prevention, National Center for
Injury Prevention and Control:
https://www.cdc.gov/violenceprevention/pdf/NISVS-
StateReportBook.pdf

Hill, C., & Silva, E. (2005). *Drawing the line: Sexual harassment
on campus*. Retrieved from the American Association of
University Women:
https://www.aauw.org/files/2013/02/drawing-the-line-
sexual-harassment-on-campus.pdf

Acerca de la autora

 Helida Monteiro es una conferencista internacional, escritora y mujer de negocios que toca temas críticos que afectan todas las áreas del desarrollo humano, social, financiero, espiritual y emocional. Nació en Brasil y actualmente reside en Seattle, WA, Estados Unidos. Uno de sus mayores objetivos en la vida es ayudar a las personas a superarse y a crear una mejor versión de ellos. Se ha involucrado en estudios relativos al tema para cumplir su misión de vida.

En 2016, en Miami, Florida, se certificó como Coach de Vida con el deseo de ser un agente de cambio y validándose para trabajar en cualquier parte del mundo. También obtuvo el título de analista comportamental en *TTI Success Insights* en Scottsdale, AZ, en 2018, cuenta con una maestría en coaching ejecutivo y de negocios en la Ciudad de São Paulo, Brasil (2018). Doctorado en consejería de la ciudad de New Jersey, New York, 2021 y un Máster en violencia de género: Prevención e Intervención en los diversos Ámbitos, España.

Se dedica al mundo del acompañamiento en coaching presencial y semipresencial, también trabaja en una plataforma en ventas por Internet. Es coautora del libro en portugués *Milagres do Sucesso* y autora del libro *El Poder de las Cinco Inteligencias* (2022)).

Contactos

Instagram: coach_helidamonteiro
Facebook: Helida Monteiro
YouTube: Helida Monteiro

Helida Monteiro

Made in the USA
Middletown, DE
27 August 2022